麦肯锡

商务沟通与文案写作

McKinsey
Business Communication
and Text Writing

戚 风◎编著

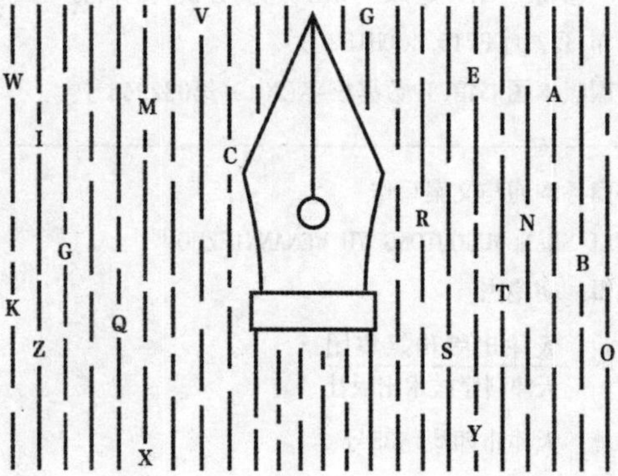

天津出版传媒集团

天津科学技术出版社

图书在版编目（CIP）数据

麦肯锡商务沟通与文案写作 / 戚风编著. -- 天津 ：天津科学技术出版社，2019.5（2022.3重印）

ISBN 978-7-5576-6119-9

Ⅰ. ①麦… Ⅱ. ①戚… Ⅲ. ①商务谈判②商务—应用文—写作 Ⅳ. ①F715.4②H152.3

中国版本图书馆CIP数据核字(2019)第032948号

麦肯锡商务沟通与文案写作
MAIKENXI SHANGWUGOUTONG YU WENANXIEZUO

责任编辑：胡艳杰

出　版：天津出版传媒集团 / 天津科学技术出版社

地　址：天津市西康路35号

邮　编：300051

电　话：（022）23332695

网　址：www.tjkjcbs.com.cn

发　行：新华书店经销

印　刷：衡水翔利印刷有限公司

开本 880×1230　1/32　印张 7　字数 120 000

2022年3月第1版第2次印刷

定价：42.00元

前言
PREFACE

逻辑思维：麦肯锡公司的“原力”武器

麦肯锡公司创建于1926年，其创始人詹姆斯·麦肯锡（James O.McKinsey）是美国芝加哥大学的商学院教授，他在当时是最早研究预算问题的学者，也是第一个出版管理会计教科书的人，因此被誉为咨询行业的祖师爷。公司创建以后，詹姆斯·麦肯锡就把主要业务放在了管理咨询上，他强调麦肯锡公司的任务是为企业服务，而不是为某一个具体的个人服务。时至今日，麦肯锡公司在全球40多个国家设立了超过80家分公司，拥有近万名咨询顾问，在世界各国都能看到麦肯锡人的身影，全球排名前200名的大企业中，有147家是麦肯锡公司的客户。

麦肯锡公司最独特的地方在于，他们的思维方式不同于常人。在招聘阶段，麦肯锡就设立了极高的门槛，用以筛选那些最优秀的人才。这种招聘方式确保了麦肯锡员工具有较高的业务能力，为公司持续向上发展提供了保障。麦肯锡公司可能不是世界上规模最大的管理咨询公司，但它是最优秀的，也是最具神秘感的。

麦肯锡公司要求管理咨询顾问们具备强大的逻辑思维能力，因为他们面对的往往不是技术复杂的高精尖工作，而是纷繁复杂的难题，在这些工作面前，如果没有强大的逻辑思维能力，就会毫无头绪。麦肯锡人的任务，就是从这些复杂的事物中抽丝剥茧，找出重要的线索，然后破解谜题，为企业的发展指明道路。

为此，他们在招聘过程中十分看重面试者的逻辑思维能力，他们会向面试者提出一些问题，这些问题都是非常具体而实际的，目的就是要看面试者如何分析问题，进而解决问题。例如，麦肯锡有一道经典的面试题是这样的："一位顾客买了30元货物（进价是20元），顾客给了100元。但老板找不开，就到邻居那换了100元零钱。没过多久，邻居过来说刚才那一百元是假钞，老板只好重新给他换掉。请问：这位老板因这笔生意共亏损了多少钱？”

这道题其实很简单，并不需要复杂的运算，只要具备优秀的逻辑思维能力，就能很快给出答案。回到题目上，老板和邻居之间互不相欠，先用假币100元换到真币100元，然后又赔了100元，其结果就是-100+100=0。老板和顾客之间则是有赚有赔，从老板的角度来看，他收到了假币100元，然后找零70元，减去成本20元，就是-70-20=-90。

很多人都在这道题上栽了跟头，因为他们搞不清楚几个基本的概念：①利润是不能当成亏损来计算的，只有成本才算亏损；②亏损就是收益减去损失之后得到的结果。

本书从商务沟通和商务文案写作两个方面讲述了麦肯锡公司的工作方法和精神。商务沟通力图简洁，文案写作则吸引力强，二者都离不开逻辑。

本书用麦肯锡人的思维方式解答商务沟通和文案写作过程中遇到的诸多难题，并且以真实案例为基础，糅合了中外诸多企业名家的先进理念，希望为广大职场人士提供最全面、最专业的商务知识。如果诸位在读完本书之后，眼界更加开阔，思维更加灵活，对以后的人生道路有了更清晰的认识，从而有所增益的话，便是我最大的欣慰了。

目录

CONTENTS

上篇

麦肯锡商务沟通：以简洁为标，以高效为准

- 商务沟通，赢得竞争的关键因素
- 麦肯锡沟通前提：先弄清问题是什么
- 麦肯锡心理战：商务沟通就是一场心理博弈
- 制订沟通计划：每一句话都要有理有据
- 用逻辑树分析法增强沟通的效果
- 麦肯锡谈判：于困境中扭转危机

第一章

商务沟通，赢得竞争的关键因素

商务沟通是商界人士的必备技能，优秀的沟通能力往往能够帮助人们取得成功。作为世界咨询领域内的龙头企业，麦肯锡公司克敌制胜的法宝就是其卓越的商务沟通能力和先进的商务沟通理念。

商务沟通：麦肯锡咨询的关键力

> 管理者的最基本功能是发展与维系一个畅通的沟通管道。
>
> 美国著名管理学家 **切斯特·巴纳德**

在商务领域，麦肯锡公司可谓大名鼎鼎，作为一家全球顶尖的专业咨询公司，麦肯锡公司的业务几乎遍布世界的每一个角落。据统计，麦肯锡公司的客户不仅包括多个世界500强企业，还包括各国（地区）政府以及著名的国际组织。

麦肯锡并不是传统的制造业公司，而是一家咨询公司。麦肯锡的核心成员是公司里的7000多名咨询顾问，他们负责与国际领先的企业家们进行沟通，帮助企业改善经营业绩。

麦肯锡公司在1926年创建以来，走过了无数的风风雨雨，向不计其数的客户提供了咨询服务，并且从中总结出了一整套商务沟通理念。在这套理念的帮助下，麦肯锡公司顺利地向无数企业提供了咨询服务，并实现了双赢。

商务沟通，提升自我的关键力

沟通是传递思想与感情的过程，人与人之间少不了沟通。而商务沟通是商务活动中必不可少的一个环节，其效果受到诸多因素的影响，不仅要看公司的实力，还要看个人的综合水平，包括对语言的驾驭能力、应变能力、亲和力、诚信度等。

与熟人之间的闲聊不同，商务沟通大多有着明确的目的性，可传递商业上的相关信息。例如，主管对下属说："这个月每人都有500元奖金。"下属问："这个月发，还是下个月发？"主管说："明天就发。"这就是一个简单的商务沟通的例子。

在现实生活中，商务沟通复杂得多，人们需要对实际情况进行具体的分析。善于进行商务沟通，是商界人士的必备技能之一。那些著名的企业家，就是成功的演讲者。在产品发布会上，他们面对台下坐着的无数听众，能够克服心中的恐惧，将公司的理念和产品的信息介绍给大众；在商业谈判会上，他们和对手严阵以待，针锋相对地进行论战，为自己的公司争取利益；在面对用户时，他们笑容满面，不厌其烦地向消费者介绍相关的信息，直至消费者满意。人类社会不是一个个孤岛，需要的是相互协作，不会沟通将导致你无法与他人协作，进而失去很多机会。

所以说，商务沟通是提升自我的关键。

麦肯锡商务沟通“五步走”战略

说到商务沟通，就不得不提世界三大咨询公司——麦肯锡咨询公司（McKinsey & Company）、贝恩公司（Bain Capital）和波士顿咨询公司（The Boston Consulting Group，BCG），他们常年霸占咨询行业的金字塔，商务沟通就是他们赖以生存的法宝。而在这三家公司之中，麦肯锡咨询公司又是公认的行业老大。

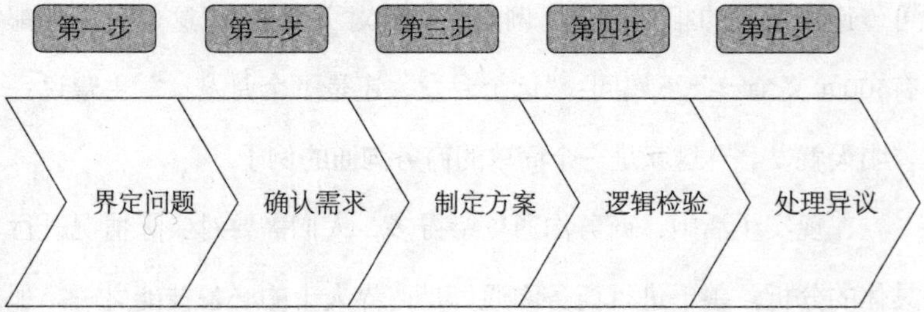

图1　麦肯锡公司的商务沟通“五步走”战略

时至今日，麦肯锡咨询公司已经在行业内占据了举足轻重的地位，就如被誉为“皇帝的珠宝商，珠宝商的皇帝”的卡地亚（Cartier）公司在珠宝行业内的地位一样。

在面对企业时，麦肯锡有一套清晰的沟通思路，即界定问题、确认需求、制定方案、逻辑检验、处理异议。逻辑树分析、SCQA［情境（Situation）、复杂（Complication）、问题（Question）、答案（Answer）］、MECE（Mutually Exclusive Collectively Exhaustive）等理论被麦肯锡运用得游刃有余。

商务宝典

和严肃紧张的商业谈判相比，自由放松的闲聊更能发挥人们的创造力，也更容易使双方的意见达成一致。

高情商是商务沟通的第一法则

> 你应该每隔一两天，做一些自己不想做的事。
>
> 麦肯锡专家团队成员　**基森·斯坦因**

面对商务沟通过程中出现的困难，为什么有人轻轻松松就能解决，有人费尽力气却毫无进展呢？在商务沟通中，情商是不可或缺的，有时情商甚至比智商更重要。一个智商高的人，还应该拥有高情商，情商和智商兼备的人，往往能够在商界左右逢源。

在商场上，情商有时比智商更重要

有人做过一项研究，他们选取了世界上最伟大的一百位商界名人，对其生平事迹进行考察，最后得出结论：这些商界大鳄的成功都有相似之处，那就是情商高，那些情商低下的则因为种种事迹成了失败者。在商业成功的诸多要素中，智力因素固然重要，但是相比之下，情商因素或许更重要。情商高的人能够很好地控制自己的情绪，容易获得他人的信任，使沟通水到渠成。

麦肯锡不会招收素质低下的员工，能够进入麦肯锡工作的人，往往拥有高超的沟通能力。一个情商低下、口齿不清的人，是不可能进入麦肯锡工作的，因为他连面试那一关都过不了。

在日常生活中，高情商主要有以下三种表现。

1. 尊重和理解他人

"己所不欲，勿施于人。"这是一个人最基本的修养，也是人际交往的首要原则。

2. 保持乐观的心态

心态乐观的人总是更受欢迎，因为情绪是可以传染的，和乐观的人相处时，人们的心情也会变好。

3. 保持客观和理性的态度

面对任何事物，都要保持客观和理性，否则便容易走向极端。

商务沟通中最重要的是和气

麦肯锡公司之所以能做到这么强，一方面是由于公司人员过硬的素质，另一方面是由于公司非常看重沟通的效果。麦肯锡人在和客户沟通时，会牢牢抓住客户的情感。即使客户不改变心意，也不会给客户留下坏印象。

俗话说“买卖不成仁义在”，做生意最重要的不是赚多赚少，而是维持良好的客户关系，做好长久经营。有效、顺畅的沟通不仅可以解决实际工作中遇到的问题，还可以帮助人们形成良好的心态。心态变好了，以后才有可能保持密切的关系，这就是商务沟通的实质。

在这个竞争激烈的市场环境中，每个人的心里都充满了焦虑，这使得商务沟通越来越难，企业和客户之间经常为了一些小事而结怨，最终得不偿失。

因此，要想做好商务沟通，就要把心态放平，不要为了一些不必要的事情而发火。商务沟通应该从做生意的角度去谈，不能感情用事。

商务宝典

先管理心情，再处理事情。

麦肯锡有效沟通的三个基本原则

> 在我开始演说之前，我必须明确整场演说的目的，并且将这个目的贯彻到特定的话语当中，以便能够将我的观点传达给听众，让他们明白。
>
> 麦肯锡金牌演示专家　**基恩·泽拉兹尼**

一家公司能否成功，关键在于能否与消费者进行有效的沟通，将自家的产品或业务推销出去。进入21世纪以后，以互联网为代表的新兴企业发展迅速，目前在世界互联网领域排名前五的分别是谷歌（Google）、亚马逊（Amazon）、腾讯（Tencent）、脸书（Facebook）、阿里巴巴（Alibaba），这些公司引领了一个时代的潮流，使人们的交流和沟通变得更加便捷，因而获得了巨大的成功。

简单有效是商务沟通的准则，简单让人便于理解，而有效则提升了沟通的效率。在实际交流的过程中，麦肯锡人一般从以下三个原则出发，进行简单有效的商务沟通。

1．表述准确

在商务沟通的过程中，准确地表述是基本要求。你可以采用不同的方式进行表达，但是一定要表达清楚，不能含糊其辞，让对方产生误解。这一点看起来简单，做起来却很难。在实际工作中，我们会遇到各种各样的困难，而且这些困难往往非常复杂，很难用三言两语讲清楚。即便说出来了，客户也未必能完全理解。这就要求我们具有娴熟的语言表达能力，同时对实际情况非常清楚，如此才能克服沟通过程中的各种障碍。

要做到表述准确，一般需要清楚以下内容：为什么进行此次沟通？沟通的主要目的是什么？沟通需要用多长时间？选择哪种沟通方式效果最好？

2．及时原则

信息是有时效性的，尤其是在瞬息万变的商业市场中，在与客户进行商务沟通的过程中，一定要注意信息的时效性，不论是向下传达信息，还是向上提供信息，都应遵循“及时”的原则，因为只有得到及时的反馈，商务沟通才有价值。

在遇到问题时，要做到及时沟通，这可以使自己更容易获得客户的理解和支持，同时可以迅速了解客户的想法。企业的核心竞争力就是能够及时获取资源的能力。而在实际工作中，很多人对此并不重视，遇到问题时没有第一时间告知客户，等客户从其他渠道得知消息后，再想和他们进行沟通，为时已晚。

3．对等沟通

平时我们总是说“人人平等”，不应该有高低之分，但是商务沟通不比日常闲聊，参与商务沟通的人会因学历、职务等背景的不同而产生差别。在商务沟通中，对话的双方一定要对等，企业总裁不可能找一个普通的职员进行商务沟通。沟通不是命令，如果有命令的强迫力，我们自然也就不需要和人沟通了。我们无法强迫任何一个与我们沟通的人，所以我们必须和对方站在同一个层面上。

对于普通人而言，学习麦肯锡有效沟通的方法，是为了在日后将它们运用在生活中，进而为自己提供帮助。因此，我们应该把这三个原则记在心里，勤加练习，提高沟通的有效性，为将来的商务沟通做好准备。

商务宝典

没有人愿意进行一场差劲的谈话，当你丢弃“有效”这个底线的时候，就不存在沟通了，你们的谈话，只是彼此的一种伤害。

用“七个C”方案提高沟通力

> 无论商务沟通的方式如何变化，我们最终的目的都是将观点灌输给他人，那么商务沟通就必须建立在这个基础——有效的沟通之上。
>
> 麦肯锡首位女性顾问　芭芭拉·明托

在现代社会，人们非常看重效率，尤其是对于商务沟通，效率就更加重要了。麦肯锡人对此有过精彩的描述，他们说：“效率对于商务沟通而言，就像三明治中间夹着的菜肴一样，离开了效率，商务沟通将会变得毫无乐趣。”

有效沟通力

沟通是商务活动的心脏和灵魂，无论是团队还是个人，都需要沟通。很多人在闲聊时能说会道，但是到了正式场合，往往头脑空白，舌头打结，不知道该说些什么。由此可见，商务沟通的能力并不是单纯的说话那么简单。

那么，我们如何考察自己的有效沟通力呢？不妨看看下面的测试问题。

（1）你能在1分钟内描述自己的工作内容或职责，让对方听明白且记住吗？

（2）在工作中或会议上，领导没有要求时，你会寻求沟通、表达的机会吗？

（3）当你主持会议或表达观点时，能很清晰地表达自己的看法，没有同事说不懂吗？

（4）你能用不超过5句话概括总结一篇文章吗？

（5）领导安排的工作，在与同事沟通时，你能说服同事答应支持吗？

（6）你在不能砍价的商城买东西，是否要过折扣或赠品？

（7）你的社交好友能达到几百个人吗？是否想过因朋友太多而建群或升级会员呢？

（8）除本部门团队外，你是否主动和2个以上工作无交集的其他同事说过话呢？

根据以上几个问题，分别设想一下，假如自己处于那种环境中，是否能够气定神闲地进行沟通呢？如果不能，恐怕你的商务沟通能力有所欠缺，还需要锻炼。

麦肯锡用“七个C”方案提高沟通力

1952年，美国著名学者卡特里普和森特，合作出版了《有效的公共关系》一书，提出了有效沟通的“七个C”方案。后来，这一原则成为麦肯锡公司的沟通准则。“七个C”方案的具体内容如下。

1. Clear/明确

要想使商务沟通顺利进行，首先就要做到清楚明确，无论和谁沟通，都应该用简洁易懂的语言去表达，不要绕圈子，这一点非常重要。

2. Consistent/一致

商务沟通需要信守诺言，今天说出来的话，到了明天还能保持一致，而不会中途变卦，这样人们才能相信你说的话，才愿意和你说话。

3. Credible/可信

做人要有诚信，要把真实的信息传递给客户。尤其是在咨询行业，诚信就意味着生命。

4. Confident/自信

作为一名商业人士，你要对自己的能力充满信心，这样客户才会对你感到放心。你在沟通的时候表现得越自信，人们就会越相信你。

5. Civil/礼貌

在和别人沟通的时候，礼貌是最好的安慰剂，能够稳定对方的情绪。对于商务沟通而言，对方的消极情绪，无异于一枚隐藏的炸弹。

6. Concise/简洁

有时候言简意赅最有效，所以要多说有意义的实话，少说无意义的废话，不说有负面效应的假话、空话，只求最核心的观点表达出来。

7. Compassionate/宽仁

在沟通的时候，要保持宽仁的态度，让对方感受到温暖。俗话说“良言一句三冬暖，恶语伤人六月寒”，不要总是打击别人，而要尽量鼓励。这样做不仅会让你们的沟通更有效，而且会让感受到你善意的人对你心存感激。

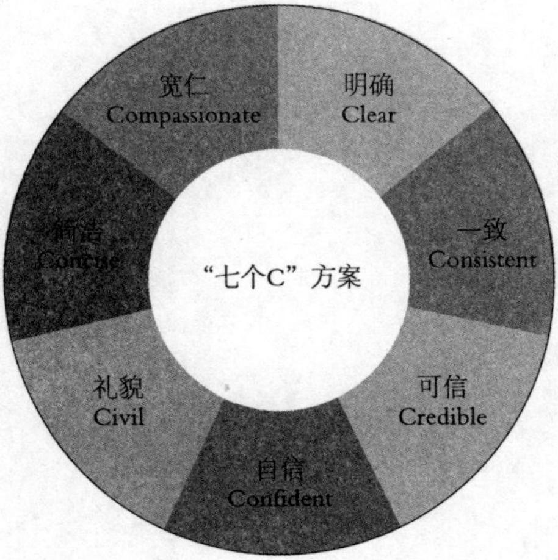

图2 提高沟通力的“七个C”方案

无论是出入职场的新人，还是长年奋战的老人，都应该对上面的这些知识有所了解。人世间的道理总是很简单，想要做到却很难。在商务沟通中，需要小心谨慎，以免进入误区。

商务宝典

在沟通中流动的不仅是信息，还有情感和思想。

电梯法则：商务沟通必须有高效率

> 如果你让我说2分钟，我需要3周的时间准备。
> 如果你让我说半小时，我需要1周的时间准备。
> 如果你让我说1小时，我现在就准备好了。
>
> 英国政治家　温斯顿·丘吉尔

在麦肯锡公司，电梯法则这种简明扼要的沟通方式一直受到人们的推崇。所谓的电梯法则，就是假设一种经典的场景：你在电梯里面游说客户，看看在这短短的30秒内是否能够打动客户。

一般而言，人们很少能在电梯内完成推广，因为客户在电梯里停留的时间太短了，而商务活动通常是非常复杂的，很难在短时间内完成。但是麦肯锡公司仍然假设了这样一种场景，要求咨询顾问们用这种方式提升自己的能力。这一切都源于一次沉痛的教训。

麦肯锡公司的成长并非一帆风顺，在前进的道路上，也曾犯下许多错误，留下诸多遗憾。有一次，麦肯锡公司的一名资深顾问为一家重要的大客户提供咨询服务。咨询结束以后，顾问陪同客户一同乘坐电梯离开公司，结果在电梯间里遇见了客户公司的董事长。董事长十分严肃地问："可不可以请你简要介绍一下进展呢？"顾问当场就懵了，如此复杂的事务怎么可能在电梯里说清楚呢？尽管如此，他还是竭尽所能地将自己知道的情况详细地说了出来，结果等电梯到了1楼，他还是没能说清楚。董事长觉得十分扫兴，他向麦肯锡公司提出了质疑："凭借如此低下的能力，怎么可能把事情办好呢？"最终，麦肯锡失去了这位重要客户。

通过这件事，麦肯锡公司认识到了自身能力的不足，尽管很多人替顾问感到委屈，但是麦肯锡人还是坚持"no excuse（不找借口）"的原则，把关注点放在自身能力上。从此以后，电梯法则就成了麦肯锡人必须经历的一课。一位麦肯锡的员工这样说："在进入客户的办公室之前，我都要先想好，今天是来做什么的。与客户达成一致？让客户签下订单？还是帮客户建立体系？总之，我会带着目的去拜访客户，而不是一副懒散的样子。"

30秒电梯法则的重点

电梯法则是商务沟通的利器，那么在现实生活中，如何使用电梯法则呢？

1. 开头要精彩

良好的开端等于成功的一半，所以开头一定不能失误。进行商务沟通时，最重要的就是调动客户的胃口，可以从与他相关的利益点着手，让他产生兴趣。

2. 逐步引导客户

先声夺人之后，就要正式进入沟通的环节了，此时要以对方的意志为准则，站在对方的立场去分析问题，给出应对措施，尽量不要把话题扯远，不要让客户受其他想法的干扰。

3. 言简意赅，给出结论

把最核心的解决方案留到最后，给客户一个“无法拒绝的理由”。你只有30秒的时间，所以不能长篇大论，否则浪费时间不说，还往往词不达意。

说到底，商务沟通是一个需要“做”的事情，而不是什么高高在上的理论。在实际沟通的过程中，每个人都可以根据自身的实际条件，以及当时的实际情形进行创造性的发挥。实际上，麦肯锡人在进行电梯演讲时，都有一套自己的方式，比如有的人会严格按照“提出问题—分析问题—解决方案”的方式进行演讲，也有人用开头的10秒钟时间介绍自己的身份，然后直接给出解决方案，甚至连问题都没说出来，客户就已经被吸引住了。

商务宝典

高效来自熟练，要对产品完全了解，做到烂熟于心，然后用一句话讲述清楚。

第二章

麦肯锡沟通前提：先弄清问题是什么

在现实生活中，商务沟通是一个非常复杂的过程，其中不仅牵涉到产品问题，有时还会受到其他因素的干扰。一名成熟的商业人士，必须懂得抽丝剥茧，排除眼前的诸多障碍，把握住问题的本质。

界定问题是商务沟通的第一步

> 我们不一定知道正确的道路是什么，但一定不要在错误的道路上走得太远。
>
> 麦肯锡资深顾问 **奥姆威尔·格林绍**

在商业活动中，我们会遇到各种各样的问题。有时，为了这些问题去和客户进行沟通，却发现客户的关注点与我们的完全不同，使沟通很难取得进展。俗话说“磨刀不误砍柴工”，这时不妨考虑一下是不是对问题的界定出现了误差。

要界定问题，就要回到问题的本质上来，即进行一番彻底的分析后，再结合实际条件，或许会产生截然不同的效果。例如，第二次世界大战后期，朱可夫元帅率领苏联红军向德军发起进攻，按照计划，苏军将于当天夜晚发动一次大规模的袭击，趁着德军防卫松懈的契机，一举拿下战局。但是天不遂人愿，偏偏那天晚上天气很好，万里无云，一轮明月高挂在天上。朱可夫陷入了进退两难的境地：如果按照原计划发起进攻，苏军势必会完全暴露在德军的炮火之下，不过此时不进攻，后面将会更加被动。

对于这个问题，苏军内部的意见分成了两派。其中一派强烈建议将行动延期，避免无谓的伤亡，德军的覆灭是早晚的事；另外一派则坚持原计划，他们担心延误战机，会遭到更大的损失。

面对激烈争吵的两派人马，朱可夫没有立即表态，因为他知道，大战在即，消除分歧才是当前的首要任务，而消除分歧的关键，就在于月光。于是他提出了一个方法：既然苏军无法在月色下遁形，那么干脆反其道而行之，用灯光照射德军，干扰德军的视线。听了这个方法，大家都觉得很有道理。于是，苏军临时找来140多部探照灯，待号声一响，便一齐打开，耀眼的白光包裹着德军阵地，照得德军眼花缭乱，根本看不清苏军在哪儿。

同时，苏军数千门大炮、迫击炮和“喀秋莎”火箭炮一起开火，使德军的防御阵地很快陷入一片火海，根本无法做出抵抗。就这样，苏军以很小的代价攻克了德军的防御阵地，为攻占柏林打开了胜利之门。

著名思想家杜威说：“一个界定良好的问题，已经将问题解决了一半。”面对意外出现的困难，朱可夫没有乱了自己的阵脚，而是回到问题本身，做出了令人意想不到的举动，最终取得了成功。

“四象限法则”分清问题的主次轻重

在管理学中，有一条著名的时间管理法则——“四象限法则”。这个法则把人们遇到的问题用“重要”和“紧急”划分为四种类型，分别是重要且紧急、重要但不紧急、不重要但紧急、不重要也不紧急。这一法则同样可以用于商务沟通领域，根据问题的重要和紧急程度，人们可以分清问题的主次和轻重，优先就重要且紧急的问题与客户进行沟通。

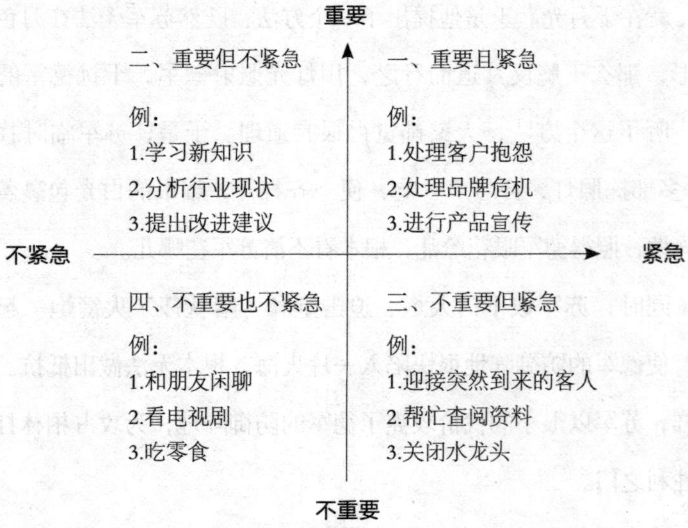

图3　四象限法则

四象限划分好以后，我们可以抽出80%的时间和精力，去做重要和紧急的事情，至于那些费时费力的琐事，则可以利用空闲时间去做，不要让它们耽误了正事。

总之，界定问题是沟通的第一步。这也是麦肯锡精英们屡屡强调的，因为和客户在问题上没有达成共识，就无法进行沟通，这一点值得所有商务人士借鉴。你要把当前存在的问题分析给客户听，用沟通来稳定客户的情绪，这要求我们必须牢牢掌握好商务沟通的技巧。

商务宝典

完成问题的界定，就等于找到了前进的方向，否则就是南辕北辙。

利用情绪，预先制定沟通策略

> 客户容易陷入情绪的旋涡之中，在不同情绪的支配下，做出截然不同的选择。
>
> 中国分享经济首席品牌官，钰昊集团董事局主席　武永梅

人是兼具情感和理性的动物，在面对外界的事物时，容易受到情绪的影响，从而做出不同的选择。在商务沟通中，积极乐观的情绪有助于双方达成共识，而消极的心态会给沟通带来阻碍。了解客户的情绪变化，并且加以利用，就可以提高商务沟通的效率。

用商务沟通引导顾客的情绪

近几年来，情绪心理学逐渐走入人们的视野，并受到许多商业人士的追捧。人们意识到，情绪会左右人们的决策，一旦客户的心中产生负面情绪，将会大大减弱对话的效果，而积极情绪则会提升对话效果。因此，高级的营销变成了一场“制造情绪”的游戏。

一般而言，我们可以对情绪做一个大致的分类，如下表所示。

表1　顾客的三种情绪

积极情绪	消极情绪	中性情绪
包括快乐、满意、自豪、感激、热爱等，对商务沟通有利	包括忧愁、悲伤、愤怒、紧张、焦虑、痛苦等，会阻碍商务沟通的顺利进行	包括平静、冷淡、无所谓等，不会对商务沟通产生特别的影响

人有情绪很正常，情绪是我们的内心对外界的反应。从本质上来说，客户的情绪都是合理的，我们要做的是引导客户的情绪，以达到我们想要的结果。例如，无论是销售人员，还是服务人员，都很怕遇到愤怒的顾客，而企业主管们面对愤怒的顾客，通常采取和稀泥的方式，不但不能解决问题，还会给公司内部人员带来麻烦。但是凡事都有例外，有的人在沟通时会故意使用激将法，以达到促销的目的。

麦肯锡顾问很清楚这一点，他们在说话之前，一定会预先对客户的情绪反应做出判断。换句话说，麦肯锡顾问不会对沟通的结果没有提前的预估。正如麦肯锡首位女性咨询顾问芭芭拉·明托所说："为了让一件事情更加具有逻辑性，让它的效果更好，我们必须先把它的结果预估出来。"

根据实际情况选择合适的方法

作为一名商业人士，每天都要和许多客户进行沟通，不但要了解客户的情绪变化规律，还要知道如何利用情绪推进工作。因此，在提前预估了沟通对象的反应之后，我们便需要为沟通选择策略和方法。适用的策略会带来我们想要的反应，而不适用的策略则只会带来失败，所以必须要做到非常谨慎。

麦肯锡咨询顾问埃森·拉塞尔说过这样一件事：公司内部的一名管理人员向首席财务官（CFO）提出请求，希望在财务上更加自由和轻松。他说："如此一来，我会避免很多麻烦，省下很多时间，就连上班的心情都会变得更好。"然而CFO只是冷冷地问了这样一句话："是你的心情重要，还是公司的效率重要？"管理人员只看到了自己，却忽视了公司的实际情况，结果遭到CFO的鄙视。

人的情绪会受到多个因素的影响，一句对白、一段音乐、一束灯光，都能让他们进入快乐或者不满的情绪中。商务人士应当尽量避免过失，以免使客户陷入消极情绪中。当客户出现消极情绪时，应该及时处理，采取补救方法，驱散客户心中的阴霾，使其重新回到积极情绪中。这些做法对商务沟通而言至关重要。

商务宝典

顾客80%的购买行为是基于“感性的情绪”，而不是“理性的逻辑”。

不要落入主观认知的陷阱里

> 站在经济学的立场上看，利用不完备的信息对安全成本进行的综合评估，都是非理性的。
>
> 价格学和行为经济学专家 **恩里科·特雷维桑**

商务活动容不得“碰运气”的心理

在逻辑学中，有一种典型的推理方式，叫作“赌徒谬误”。这种推理方式和赌徒的思维模式十分相似。人们都说“十赌九输”，但是到了赌场以后，人们又会情不自禁地想：风水轮流转，今年到我家。正是因为“赌徒谬误”的误导，越是输得多，就越不愿意收手，有人甚至可以连续赌几天几夜。

在市场中，我们经常可以看到类似的不理性的决策。有的人明明知道客户不喜欢，连续被多个客户拒绝，却还是延续旧的沟通模式，希望再赌一把，碰碰运气。但是做生意和赌博是两码事，妄图靠运气做生意，这是十分不理智的。首先，生意场上的事，都是有前因后果的，完全没有必要去赌。那些身价不菲的富豪们，都是经过了仔细的分析和比较，才最终决定出手的。喜欢打赌的人，不会一直都有好运气，因为"赌徒谬误"本身就是一种错误的理念，因为随机序列中事件发生的概率与之前发生的事件有关，即其发生的概率会随着之前没有发生该事件的次数而上升。就像抛硬币一样，硬币在落地的一瞬间，上面是字还是花完全是随机的，而赌徒总是认为下一次抛出反面的机会较大。

因此，再遇到这种情况时，不如先问问自己：此次活动的任务是什么？客户究竟能不能接受这种沟通模式？如果答案是否定的，那么就请你收起侥幸心理吧，不要再一次掉入了"赌徒谬误"的认知陷阱中。

客观分析、适时而变，才能有效应对

不管做什么事情，事前准备都很重要，沟通也不例外。不能让现实条件来迁就我们，而是应该事先用客观的态度进行分析，然后在事实的基础上调整自己的方案。一定要让自己的方案从事实中来，再回到事实中去。

在商务沟通中，保持客观的态度，有助于看清现实，发现那

些被我们忽略的因素。只有双方认清现实，才能就现实状况达成一致，否则就会出现你说东、他说西的情况。一定不能陷入过于主观的情绪和想当然的心态中，这会使你看不到事实的真相，从而影响你做出正确的决策和行动。

只有在详细了解现实情况，并且清楚双方的优势和劣势是什么，双方是否有互补的可能后，才能设定出一个公平合理、双方都乐于接受的方案。

商务宝典

要想沟通成功，就应该做到心中有数、有章可循。

麦肯锡头脑风暴法：以矛盾激发思维

> 企业的成功靠团队，而不是靠个人。
>
> 管理大师　罗伯特·凯利

举行会议是正常的商务活动，但是商务会议的作用正在受到越来越多的质疑，人们批评传统决策会议的弊端，认为效率低下、毫无节制的会议纯粹是在浪费时间，尤其是缺乏创新思维。针对这种状况，美国创造学家、BBDO广告公司创始人亚历克斯·奥斯本提出了“头脑风暴”这一理念，即用群体讨论的方式，解决现实中遇到的问题。在头脑风暴会议中，人们群策群力，使思想的火花碰撞在一起，进而提升团队的凝聚力和创造力。

麦肯锡用头脑风暴法分析和解决问题

头脑风暴，原本是精神病理学中的内容，专门用于描述精神病患者身上出现的精神错乱的状态，就像在大脑内部掀起了一阵风暴一样，把正常的思维摧毁，转为无限制的联想。1953年，亚历克斯·奥斯本正式提出，利用头脑风暴的模式，可以激发人们的创造性思维。

作为世界知名的咨询公司，麦肯锡公司是最早使用头脑风暴法的公司之一。麦肯锡头脑风暴的原则只有一条，那就是高效，会议非常简单，只需一间会议室、一张桌子、几把椅子、纸、笔和一块白板。

当客户的需求与公司的判断出现偏差，导致沟通出现障碍时，往往说明公司对现实情况的掌握出现了问题。对于咨询公司而言，这样的失误是不可接受的。当遇到这类问题时，麦肯锡就会选择头脑风暴法。通常，他们会把项目涉及的人集中起来，一起讨论当前的问题，谁有想法都可以说出来，而项目主管以及更高级的咨询顾问，则要提出团队随后做破坏性检验的最初假设。有时，他们还会邀请客户一起进行头脑风暴会议，在激烈探讨氛围的影响下，客户和麦肯锡人的沟通变得更加容易了。

麦肯锡人举行头脑风暴会议，为的是解决实际问题，而不是对现实毫无意义的空谈。因此，麦肯锡的头脑风暴会议并不轻松。麦肯锡人事先要将有关资料准备齐全，并且做好分类。头脑风暴会议有时会持续很长时间，甚至从白天开到深夜，在此过程中，与会人员要持续数个小时保持精神高度集中，比平时的工作更加劳累。

不利于头脑风暴的因素

头脑风暴法是一种非常流行的会议方法，并不是麦肯锡的专用。事实上，除了麦肯锡以外，很多公司都爱用头脑风暴法。然而，真正取得效果的并不多，因此很多人怀疑头脑风暴法只是一个噱头而已。头脑风暴法虽然好用，但是也要遵循一定的方法，错误的开展方法会阻碍会议的进行。

1. 鼓励参与会议者畅所欲言

头脑风暴的重要特征就是群策群力，因此在分析问题的过程中，一定要鼓励员工开口，说出各自的想法。在此过程中，各种稀奇古怪的想法都有可能出现，这时，作为团队的参与者，就要懂得尊重其他人说话的权利。不要对他人的想法评头论足，不称赞、不贬损，这是极其重要的。

2. 设定明确的问题点

用头脑风暴法分析问题，前提是问题足够明确，如果问题模糊不清，就会导致逡巡不前甚至失去方向。例如“公司盈利的难点是什么？”这个问题就显得很宽泛、不具体，倒不如讨论其中具体的点，如“如何选择产品的颜色？”

3. 没有后续执行

前面说了，头脑风暴是用来解决现实问题的，而不是空谈，如果没有后续执行，那么这次会议就不会产生任何效果。在进行头脑风暴时，应该快速记录下众人的想法，之后再看哪些想法是有见地的。如果有特别出色的点子，则应该立即把它设成一个实践项目，然后交给相关的执行者。

商务宝典

头脑风暴的基础是平等，而独断专行的主管往往会破坏这种平等的感觉。

麦肯锡 MECE 分析法：不放过任何一种可能

> 符合MECE的分析架构会随着时代不断演变下去。
>
> 麦肯锡全球战略顾问，筑波大学研究所客座教授　**高杉尚孝**

无论是在生活还是在工作中，我们都会遇到这样一种状况：资料查找有漏洞，问题分析不明晰，解决方法不得当。这个时候，就需要用到麦肯锡公司的黄金法则——MECE分析法。

不放过问题的任何一个方面

MECE分析法，全称是Mutually Exclusive Collectively Exhaustive，翻译成中文就是“相互独立，完全穷尽”，通常人们把它读作“mesee”。在全球咨询领域中，没有人不知道MECE分析法的。

这一方法是麦肯锡咨询顾问芭芭拉·明托在《金字塔原理》中所提出的一个重要原则。“相互独立，完全穷尽”是咨询解决问题的核心，简单来说，就是不放过问题的任何一个方面。

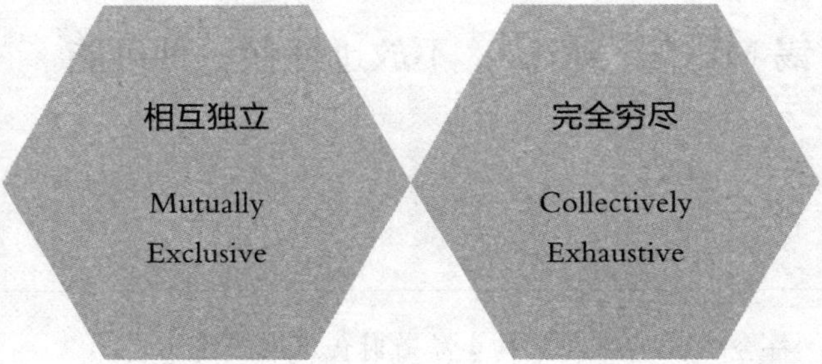

图4　麦肯锡MECE分析法

如今，任何一位进入麦肯锡的新员工，都要先接受MECE分析法的培训。用一名麦肯锡顾问的话来说就是“要学会解决问题，先学会分析问题”。学会分析问题，能够做到不重复、不遗漏，从而直达问题的核心，并找到解决问题的方法，这是最高端的商务沟通。

在商务沟通的过程中，我们会经常用到MECE分析法。在梳理问题的过程中，需要将产品的初始状态、常态、边界状态、错误状态都考虑清楚。例如分析房地产市场的前景时，你需要把国民收入水平、当前的国家政策、未来市场变化等因素一一罗列出来，确保没有遗漏。尽可能地避免风险，提高收益，商务沟通也就水到渠成了。

MECE分析法训练逻辑思维能力

虽说MECE分析法需要尽可能地罗列相互独立、完全穷尽的因素，但是这个罗列过程并不是随心所欲的，其中必然有着一套严密的逻辑，按照某些固定的准则去做，否则就只是对问题机械、简单地肢解。因此，MECE分析法的精髓其实是逻辑。我们做任何事都离不开逻辑，就连沟通也是一样。很多时候，客户的问题就像一团相互纠缠、纵横交结的线团，而客户本人则深陷其中，找不到解决的方法，麦肯锡顾问的任务，就是帮助客户理清思路，抽丝剥茧，找到问题的源头。

因此，我们可以将MECE分析法分为以下两个步骤。

（1）存在什么问题?

（2）如何解决问题?

这样的逻辑方式看似简单，实则高效，越是简单的逻辑方式，就越容易执行，产生的威力绝对不可小觑。在这种逻辑方式下，分析问题就变得非常简单了，只需要将公司的现状罗列出来，然后一一进行分析，就能找到问题的源头。

逻辑明确之后，只有尽可能多地收集事实依据，才能避免出现差错，资料越多，对问题的认识就越全面。此外，还要学会全方位、多角度地考虑问题，从不同的角度进行分析，或许会得到截然相反的结论。

商务宝典

“结论—理由—结论”是目前十分流行的沟通方法，这种沟通方法不但逻辑思维清晰，而且沟通效果较好。

第三章

麦肯锡心理战：商务沟通就是一场心理博弈

说服一个客户不难，难的是说服所有的客户。在商业社会中，最重要的是言语背后心理层面的内容。作为一名优秀的商务人员，超强的心理素质和博弈能力是其必备能力，只有同时具备这两点，才能用卓越的口才说服他人。

商务沟通是心与心之间的博弈

> 机遇面前人人平等，在商业竞争当中更是如此。作为职场人士，如果不主动参与到竞争中，就会被排挤。
>
> 麦肯锡专家顾问　**戴维·德普**

在商务沟通中，反复谈判的过程其实就是心理博弈的过程。无论你扮演的是什么角色，只要涉足商业来往，就会不可避免地陷入博弈之中。

真正的博弈，就是心与心的对决

有人说，商场如战场。战场以征服敌人为目的，商场以征服对手为目的。古代兵家的兵法与谋略，至今仍在启发着商场中“厮杀”的人们。其中最具代表性的便是《孙子兵法》与《三十六计》了，这两本书是古代兵家智慧的结晶，虽然讲述的是战争，但是其影响早已超出了军事范畴，在企业管理、商务谈判、产品竞争中得到了广泛运用。

古代兵家的许多思想至今仍有借鉴意义，例如“用兵之道，以计为首”，用在商务沟通中，可以理解为尽量不要与竞争对手打正面战，而是应该用先进的策略去击败他们；“知己知彼，百战不殆”，正式谈判之前，一定要事先进行调查，只有做好了充分的准备，才能取得胜利；“归师勿遏，围师必阙”，当对方无话可说时，给他留一条后路，不要过分紧逼，防止对方拼死反扑……

其实，商场比战场更加复杂。在战场上，人们的对手很明确，就是敌方阵营中的将士，不是你死，就是我亡。但是在商场上，处处皆是对手，前一秒是盟友，后一秒就可能成为敌人。

沟通的关键是知道对方的真实想法，进而采取相应的策略，建立起信赖感。那些纵横职场的沟通高手们，无一不是博弈高手，他们对于人心的把握，或许远远超过钻研理论的心理学家。

摸清对方的心理特征再说话

商务沟通是人与人的交流，因此分析对方的心理特征、预判对方的反应是非常重要的。这可以帮你提前做好准备，以应对有可能出现的突发事件，也会帮助你预知在沟通时可能出现的新问题，更准确地设定或微调你提前设定的问题，进而帮助你提高沟通效率。这不是一件容易的事，但对于麦肯锡的精英们来说，却是必须要学会的本领。

在面对客户时，麦肯锡人会仔细观察客户的神情和动作，从细微处入手，分析沟通的对象。正如一位麦肯锡项目经理所说："拨开麦肯锡人的华丽术语后，你会看到我们所做的事情非常简单，就是对工作的热情，以及对客户进行的细致而深入的分析，完全没有神秘感。"

商务宝典

有时，客户会故意隐藏自己的真实想法，为随后而来的讨价还价做好铺垫，这就更考验你的分析水平了。

学会倾听，让对方主动说

> 不善于倾听不同的声音，是管理者最大的疏忽。
>
> 玫琳凯化妆品公司创始人兼董事长　**玫琳凯·艾施**

一段完整的商务沟通，必定包含两个主体。一个是诉说，我们要把自己的意见传达出去，这样才能各取所需，实现信息的交换。另一个是倾听，不会倾听，就难以保持客观的态度；一个人长期带有偏见，距离失败也就不远了。

与“说”相比，人们往往更需要“听”

麦肯锡顾问认为，最好的顾问未必都会诉说，但一定比普通人更擅长倾听。倾听可以弥补表达上的缺陷，例如有时我们对某些方面并不了解，强行发表观点只怕会闹出笑话，此时闭上嘴巴，默默地听他人说话，既可以掩饰我们的缺点，也可以帮助我们学到新的知识，更重要的是能够取悦说话者。

如今，中国的商业社会正处于转型期，很多行业都面临着转型，各种因素推动着市场走向变革。中国市场的商业活动非常活跃，各种新概念层出不穷，消费者的见识多了，也就越来越懂行，相比于虚拟的产品概念，他们更看重产品的实际效用。在这样的大背景下，仔细聆听消费者的心声就显得尤为重要。

作为世界顶级的商业机构，麦肯锡公司从未放松对市场声音的倾听。每年，麦肯锡公司都会对各个国家和地区的市场进行调查，即推出一份调查报告，这些报告中既包含市场的现状，又有消费者的心声。

2017年7月，麦肯锡对中国的汽车市场进行调查，他们采访了5800多名车主，这些汽车消费者来自44个城市（从一线到四线）和7个县，覆盖中国19个关键城市群（占全国90%的城市GDP，以及总人口的一半）。通过对数据的对比分析，以及对未来市场的预期，麦肯锡做出推断：未来五年内，中国的汽车市场仍然是全球市场增长的主要动力。

如何有效地倾听

1. 提前做好准备，不打无准备的仗

进行商务沟通之前，人们都会做好准备，因为商务沟通有明确的目的，要在预定的时间内达成一致意见。要保证倾听的有效性，首先要了解对方，不但要知道他的基本情况，还要知道他究竟想要什么，然后营造良好的倾听环境，并且保证足够的沟通时间。如此一来，沟通才可以说是准备妥当了。

2. 让对方把话说完

从本质上来说，倾听就是谦逊的表现，是出于对他人的尊重。不论你有多厉害，都要让别人把话说完，不要闭目塞听。经常随意打断对方的说话，是不礼貌的表现；经常随意打断对方说话的人，只会让人生厌。

3. 及时给出正确的反馈，不要轻易得出结论

在谈话的过程中，我们需要给对方积极的反馈，这样会使对方感到自己受到了尊重，自己的诉求得到了回应。不要轻易打断对方，更不要急着下结论，善于倾听的人，会等对方讲完再表达自己的观点。

4. 事后进行总结与反思

中国古代诗集《诗经》中有一句话："靡不有初，鲜克有终。"意思是说：做人、做事、做官没有人不肯善始，但很少有人

善终。这句诗同样可以用在商务沟通上。在双方谈话的时候，各自都表现得很好，但是谈话结束之后，便把一切抛诸脑后，没有采取任何改进措施，可以说，这次谈话是失败的。成功的人并不总是聪明人，但是他们都很勤奋，懂得事后进行总结，反思在倾听过程中哪些方面做得较好，哪些方面必须改进，哪些方面必须进一步提高。

商务宝典

所谓积极主动地聆听，就是有效利用语言和非语言信号，鼓励和诱导对方进行回应。

弦外之音才是对方真正想说的

> 倾听也不是一件容易的事情，不是你问了他就能照你的提问回答你，因为每个被访者都有鲜明的个性，有的外向，有的内向，有的善谈，有的不善谈，他们每个人都有自己独特的思维和生活方式，你要善于把他们引导到访谈的轨道上来。
>
> 麦肯锡全球资深合伙人　**洛威茨**

在沟通的过程中，人们并非都能把心里所想的全部表达出来，而往往是言不由衷，因此我们既要善于倾听对方说出来的基本信息，又要善于倾听他们的话外之音。通过言语背后掩盖的内容和情感，了解对方的真实想法和感受，真正听懂对方的意图。

真正重要的是文字背后的含义

美联储主席杰罗姆·鲍威尔说过一句话："我们要倾听的并非文字，而是话语中的含义……在真诚的倾听中，我们能够穿透文字，直达对方的心灵。"在中国有一句类似的话："锣鼓听声，说话听音。"意思很简单，就是告诉人们，不要把思维局限在字面上，而要结合实际，听出文字背后的深意。

很多时候，人们在沟通时会使用一些比较隐晦的语言，把自己的真实意图隐藏起来。因此我们不能只听对方说了什么，还要考虑他这样说是否有依据，是否符合他的利益，假如他的提案与自身利益发生冲突，他是否有接受损失的准备。如果不考虑这些问题，而只是一味地抓着文字不放，就会出现望文生义、断章取义的情况。任何一名商业人士，在沟通过程中，都会有这种意识，尽量不犯此类错误。他们努力探测对方隐藏的信息，但是真正能够做到掌握全局的人可以说是寥寥无几，就算是声名远扬的语言大师，也未必敢说自己永不犯错。

捕捉言语内外的意义

说话是一门大学问，很难在短时间内将其掌握。如果能够掌握一些小技巧，从这些技巧入手，试着对人们的言语进行分析，就能找出言语中隐藏的信息。经过长期的训练，必能在商务沟通中将语言运用得游刃有余。

1. 通过细节检验对方是否真心

普通人说谎的时候，总是会露出马脚，因为他们不懂得掩饰。有的人说谎水平极其低下，突出表现为眼神飘忽不定、鼻头出汗、手脚慌张等，这些都说明他心里非常紧张，很有可能正在编织谎言。如果他高兴地说："你说得太对了，我很喜欢这个决定。"同时眼神却表现得非常低落，笑容也十分僵硬的话，说明他很可能并不喜欢这个决定。

2. 仔细分析特定的用语

通常，当一个人使用某些特定用语的时候，往往说明他们的情绪发生了较大的变化，试图干扰甚至左右对方的判断，例如"老实说""实话说吧""只不过""对吧"等等，这些用语本身并没有什么实际的意义，而更像是强调意义的语气词。在商店里，销售人员对客户说："说实话，我是在赔本做买卖。"这时，你可千万不能单凭这句话就轻易相信了他，其实他的弦外之音是"我赚得少了"，而不是"我真的亏本了"。

3. 看看语气是否有异常变化

人们在说话的时候，都会有特定的语气，里面包含了特定的情感。当你问对方："你好吗？"对方用僵硬的语气重重地回答"很！好！"时，你不会觉得他很开心，而是会怀疑他是否正在生闷气。在你倾听音调、音量、抑扬顿挫等声音特质时，你便已转到非语言交谈的频道了，并能从中发掘真正的意义。

商务宝典

不要使你的思维跳跃得比说话者还快，不要随意揣测对方还没有说出来的话。

摸清对方的底牌以后再开口

> 你期望用言语说服别人为你做什么，那么你首先要确定这样做对对方也有好处，否则对方一定不愿意这样去做。当你试图将某个观念灌输给他人的时候，你要先确定这个观念能够被对方接受，否则你所做的一切都只是无用功而已。
>
> 麦肯锡咨询顾问　**芭芭拉·明托**

在沟通正式开始之前，我们有必要摸清对方的底线，这是非常重要的，否则谈判就失去了“靶子”。沟通的本质是信息交换的过程，了解对方的底线，就能找到双方共同存在的利益交叉点，以此出发，沟通就是顺理成章的事了。

摸清底线，为沟通设立保险

有时，我们会遇到这样的情况：在与客户聊天时，面对明码标价的产品，客户嘴上说着“好好好”，转眼间却立即反悔，找出种种借口，例如“今天钱没带够”“我还想再考虑一下”等。不要为客户的不讲信用而愤慨，因为这毫无意义，你改变不了他们，倒不如想一想是不是我们触碰了他们的底线。

其实，在客户心里，销售都是不可靠的，有的人或许有过被销售欺骗的经历，或者听闻过相关的事迹。他们认为，销售就是试图掏空他们口袋里的每一分钱。虽然商品都是明码标价的，但是客户明白，这里面肯定有利润空间，否则店铺早就倒闭了。有经验的客户，不会立即下决定购买，而是会找借口推脱，吊着销售员的胃口，逼得销售员主动让步。因此，谁能弄清对方的底线，谁就能在沟通中占据主动地位。

虚实相间，摸清对方的底线

摸清底线说起来容易，做起来很难，这需要对心理学有深刻的理解，以及长期累积沟通经验才能做到。有时候，我们自认为找到了对方的底线，其实那不过是通过有限的资料得出的结论，距离真相还差得远。沟通本来就是一个需要长期坚持的过程，不经过长时间的揣摩与练习，是无法真正找到对方的底线的。

我们可以通过一些虚虚实实的小技巧来试探对方，摸清对方的底线。

1. 虚法：迂回询问

通常，人们不愿意与客户产生正面冲突，而是喜欢旁敲侧击，在不知不觉中了解对方的底牌。例如，在沟通过程中，主人会极力表现自己的热情与好客，将对方的生活和工作安排得十分周到，偶尔还会盛情邀请客人参加晚宴，或者外出旅游。正当客人沾沾自喜的时候，主人便会向客人询问他对一些小事的看法，通过这种方式了解客人的思维模式，进而预测客人的底牌是什么。

2. 实法：主动出击

不过，上面那种迂回询问的情况毕竟是少数，商务沟通通常是在短时间内完成的。人们更喜欢三言两语达成协议，有些人会主动抛出一些带有挑衅性的话题，刺激对方表态，再根据对方的反应判断出对方的底线。

例如，有一位客人来到摊子前面，向小贩询问东西的价格，小贩无法确认客人究竟想买什么、客人能够承受的价位是多少。于是，小贩说："我卖的东西都是货真价实的，一分价钱一分货，就看您想要什么样的了。"只要客人一接话，小贩就会很容易地把握住客人的真实想法。

商务宝典

在行动之前先退后一步，三思而行。

必要时用沉默代替语言

> 现实生活中，有些人之所以会出现交际障碍，就是因为他们不懂得一个重要的原则：让他人感到自己重要。
>
> 戴尔·卡耐基

沟通就避免不了说话，能说会道的人似乎在商场上更吃香。然而说话并不是毫无代价的，发表言论简单，但是你要为自己的话负责，该说的说，不该说的、不懂的就别说，说错话还不如不说话。

适时的沉默能够带来无尽的财富

在麦肯锡公司，沟通并非只有语言交流这一种选项，很多时候人们不需要说一个字，通过眼神就能完成心灵上的交流。

有人说，人与人之间的交流，只有7%是语言交流，剩下的93%则是非语言交流。什么是非语言交流呢？非语言交流就是指语言范畴以外的行为，主要包括眼神、手势、面部表情、身体距离等，简单地说就是除了语言交流以外的其他任何形式的交流。

在大多数人的印象中，沉默是失败的表现，根本不能算是交流。但实际上，沉默是一项非常有效的交流方式，保持沉默的同时，只需用一个眼神就能将我们心中的情感传达出来，这是语言无法做到的。

不善于沟通的人，往往更喜欢说话，他们似乎并不想和客户对问题进行沟通，而是为了完成一场说服客户的竞赛。沟通变成了下结论，而不是分享观点。当沟通变成这样时，双方的关系就会越来越差。

与说话相比，沉默更需要勇气和技巧。滔滔不绝地演讲会让客户感觉到慵懒，而保持沉默则会让客户感到压抑。适时的沉默不仅减少了不必要的噪声，而且能更快地促成结果。从这一点来说，沉默也具有很强大的力量，会逼着我们用最简单、最有效的方式传递情感，给客户留下更深刻的印象。

用沉默避免可能到来的尴尬

麦肯锡人认为，要成为顶级的沟通高手，不仅需要伶牙俐齿，还要懂得用人格魅力去感染别人。例如美国销售大王乔·吉拉德，他在15年内，用一对一的方式，成功销售出13001辆雪佛兰轿车，平均每天推销出6~7辆轿车，成为销售界的神话。想要达到乔·吉拉德这样的高度，就不能把眼光局限在说话上，而要看到他在不说话时的表现，人格魅力往往就隐藏其中。

沉默的特点就是以柔克刚，一千句啰唆的话语，比不上一段适时的沉默。当沟通进入争执时，恰到好处的沉默，比言语相争更有用。沉默是对对方有力的回应，说明自己已经对当前存在的问题有了足够的重视，同时也给双方留了一个冷静和思考的时间。

1. 不要轻易对不了解的情况发表意见

这是麦肯锡之所以能够走到今天的一个秘诀，在外人看来，“麦肯锡”这三个字就是专业的代名词。这其中有两个原因：第一是麦肯锡人总是能把自己擅长的领域做到极致；第二是麦肯锡从不轻易涉足陌生领域。

2. 拿不定主意时，可以用沉默来表示

商务沟通并不是总能使意见达成一致，如果难以下决定，不如干脆保持沉默，既不认可，也不否认。这样一来，对方便会对你的犹豫心领神会，而你也为自己争取到了更多的思考时间。

商务宝典

日常聊天要注意控制节奏，偶尔保持沉默，可以缓解一下谈话的氛围。

第四章

制订沟通计划：每一句话都要有理有据

沟通是一个交流的过程，要想取得良好的效果，必须提前制订计划。一份合格的沟通计划，必定有着明确的目标及清晰的逻辑，也只有这样的沟通才能赢得客户的尊重和支持。

给沟通计划设置一个小目标

> 企业管理过去是沟通，现在是沟通，未来还是沟通。
>
> 日本“经营之神” **松下幸之助**

沟通目标是表达的关键，有了清晰的目标，商务沟通才能顺利进行下去。很多时候，人们希望与客户建立良好的沟通，但是没有清晰的头脑，没有提前做好计划，再加上不善于表达，结果使沟通成为一堆废话。

沟通之前，先给自己设定一个明确的目标

做事要有计划，沟通也要有目标，无论是拜访客户，还是约谈下级，都要提前设定一个目标，预估一下本次交流的预期目标是什么，实际能够达到的目标是什么，是妥协还是提高要求。这样一来，做事才有方向感，沟通才更容易成功。

麦肯锡人接到客户的委托以后，会先向客户公司询问究竟要达到怎样的目标。经过一番谈话之后，基本了解了客户的需求，然后再由麦肯锡人员制订工作计划。如果在计划过程中发现实际情况与客户的需求相差甚远，他们还会专门就这一问题与客户进行商讨。所以沟通过程主要包括两个阶段：选择沟通的总目标和选择沟通的具体行动目标。

麦肯锡人把沟通的最终目的当成总目标，有时是满足客户的需求，有时是传达信息，二者不可同一而论。通常情况下，公司的商业活动会同时涉及这两种沟通目标。例如，麦肯锡在与客户沟通时，会向客户介绍公司方面的有关信息，然后促使客户做出购买行为。

在确定了沟通的总目标以后，还要制订具体的行动计划，这样才能将任务顺利完成。在这个过程中，麦肯锡人通常都会从以下几个方面进行沟通。

（1）清楚、具体地进行描述。

（2）将最终结果与客户联系起来。

（3）一次只说一件事。

工作计划不能空洞，必须涉及具体的内容

麦肯锡设定的沟通目标，总是能够清晰、完整地表达要完成的具体任务，而这一切都建立在高质量的工作计划上。可以说，麦肯锡的工作计划就是他们确立沟通的核心，沟通中的每一个举动都要围绕这一核心来展开。

例如，面对一家要求开拓的客户公司，麦肯锡给出的解决方案是优化企业的网络建设，攻占网络高地，用崭新的产品概念去迎合年轻消费者的喜爱。这里的核心就是“迎合年轻消费者的喜爱”，而具体的措施则是“优化企业的网络建设”。客户公司听到这个解决方案以后，立即就在脑海中形成了深刻的认识，接下来的工作也就十分顺利了。

如果没有清晰的目标和精准的核心，那么商务沟通就会变成空谈，得不到任何实质性的结果。赤壁之战之前，诸葛亮出使江东，面对主张投降的一众东吴文臣，诸葛亮毫不留情地出言讥讽，因为他们的沟通目标并不一致。见到孙权之后，诸葛亮才把联刘抗曹的计划说了出来，因为他和孙权的目标是一致的，那就是打败曹操，保全自己。

商务宝典

合理的沟通频率能节省时间成本，提高工作效率。沟通频率主要根据干系人和工作的相关程度进行设置。

用关键驱动点推进商务沟通

> 数据收集的流程已经改变，我发现网上有大量信息，甚至与几年前相比要多得多，绝不缺少数据和信息。实际上，我们已经被淹没了。关于市场的信息非常详尽，还有大量科学数据做支撑，然而困难在于，如何准确地找到有用的那点儿东西。
>
> 麦肯锡公司咨询顾问　艾森·拉塞尔

每件事情都有一个关键驱动点，它们在整个过程中起着决定性的作用。找到了关键驱动点，也就找到了问题的主要矛盾，集中精力攻克关键驱动点，问题就会迎刃而解。可以说，企业能否有效识别并利用关键驱动点，直接影响着企业的实际效益。

找到了关键驱动点，问题便可迎刃而解

在与客户进行沟通时，麦肯锡人总是首先对问题进行全面分析，寻找问题的关键驱动点，然后针对关键驱动点做工作，以此作为解决问题的突破口，直达问题的核心。这样一来，麦肯锡人便可以在极短的时间内解决问题，从而获得客户的支持与信任。

实际上，生活中遇到的各种问题几乎都有关键驱动点，它们是问题形成的主要原因。不过，除关键点之外的其他因素，都有可能扰乱我们的视线。如果你被无关紧要的因素干扰，甚至无意间过于关注不必要的信息，这样不仅会浪费你的时间和精力，还会使你钻牛角尖。

注重寻找问题的关键驱动点，已经成为麦肯锡人的共识。他们在沟通时，往往能够直击要害，一场深入浅出的分析，便将问题解释得明明白白。在麦肯锡人的努力下，解决问题的逻辑思维变得如此简单、明了。对客户来说，这样的工作方式是最专业、最高效的。不说废话，直击要害，有针对性地处理问题，才能取得事半功倍的效果。

甚至在日常生活中，我们也同样可以使用这种模式去和人沟通。找到对方的心理需求，剖析问题的核心，用简洁明了的逻辑思维迅速解决问题，这样才能迅速地获得尊重和信任，快速而成功地完成交易。有时，人们说某个人“雷厉风行，杀伐决断，具备领导气质”，就是因为他找到了问题的关键驱动点，并且毫不犹豫地用最快的速度解决了问题。

找出关键驱动点是麦肯锡的原则

寻找问题的关键驱动点，绝不是一件简单的事，我们必须要对问题进行深入的调查和研究，这样才能准确地找到问题的关键驱动点。

阿尔弗里德·诺贝尔死后，人们遵照他的遗嘱，成立了诺贝尔基金会，专门用于支付诺贝尔奖的奖金。为了避免出现差错，诺贝尔基金会在一开始就明确规定，只能将该基金用于银行存款或公债等风险较低的投资。这样做确实避免了风险，却也带来了严重后果。随着奖金的连年发放，以及基金会的正常损耗，不到半个世纪，诺贝尔基金会的资产就已经大幅度损耗，照这样下去，等不到100年，诺贝尔奖就发不出奖金了。

诺贝尔基金会的管理人员决定改变固有的投资方式，让基金会朝着更加健康的方向前行。为此，他们找到了麦肯锡公司。麦肯锡公司派出了一个专家团队，针对该问题的关键驱动点——究竟是高收益高风险，还是低收益低风险，进行了一番讨论，最后制订了具体的解决方案，帮助诺贝尔基金会实现了良性运转。如今，诺贝尔奖的奖金已经远远超出了当年，这都要归功于当初的改革。

商务宝典

着眼于关键驱动点，把握住这一点，也就找到了解决问题的方案。

解决方案必须提及风险

> 麦肯锡人所重视的沟通技巧，和那里的每件事一样，都体现了麦肯锡的文化精髓：务实、专业、以客户为中心。
>
> 日本著名管理学家，麦肯锡日本分公司董事长　大前研一

对于很多人而言，风险就意味着不好的事情，甚至是失败的前奏。人们总是希望能够尽可能地消除风险，然而从另一个角度来看，风险也有其独特的魅力，往往与机遇并存。

风险中蕴含着机遇

任何一家企业都有遭遇风险的经历，即便是麦肯锡也不例外。对风险的处理方式，体现了人与人之间的差别，也决定了公司与公

司之间的差距。麦肯锡人非常明白，做任何事情都有可能出现无法控制的意外，面对这种意外，最重要的不是逃避，而是正面面对。

如果把商业活动比喻成一场游戏的话，那么麦肯锡的雇员们就是这个世界上最优秀的玩家，他们拥有最高的竞技水平，是各个领域内的顶尖者。普通人对风险避之不及，而麦肯锡人却与风险共舞，因为他们拥有很强的能力，可以把风险转化为利润。

俗话说："艺高人胆大，富贵险中求。"这句话将风险的魅力描述得淋漓尽致。人人都想做没有风险、稳赚不赔的生意，但是这种生意往往也是利润最低、成长空间最小的。如果我们选择不变，对未来没有更高的期望，就会原地踏步，无法获得更为长远的进步。也有一些人天生爱折腾，期望追求更大的利润，为此宁愿遭受损失，也要努力创新和尝试。

风险控制的五个层次

01 预见风险	预防风险，比解决风险更节省成本
02 发现风险	风险不可避免，最好尽早发现
03 控制风险	风险出现后，尽量解决问题
04 转移风险	风险可以伤己，也可以打击对手
05 经营风险	风险之中往往隐藏着机遇

图5　风险控制的五个层次

1. 预见风险

一般而言，只要足够细心，人们就可以对专业领域内可能出现的风险做出详尽的预测。风险虽然难以预防和控制，但是仍然具有普遍性的规律。事先能够预防风险，远比风险发生后再去解决更节省成本。

2. 发现风险

通常情况下，企业很难做到百分之百杜绝风险，因而风险的发生是不可避免的。作为企业的经营者，能做的就是尽早发现风险，并且积极应对。在当今这个信息化的时代，一个人、一个企业对待问题的态度往往会决定他们对企业的评价。

3. 控制风险

当风险出现之后，人们能做的就是尽量解决问题。如果不能在短时间内解决问题，那么就将问题控制在一定范围内，简单来说，就是及时止损，用较小的成本解决风险。

4. 转移风险

风险就是一把双刃剑，既有可能割伤自己，也有可能割伤对手。企业的目标是创造价值，基于这个目标来说，抓住机会要比避免风险更为重要。转移风险可以尽可能地降低风险的程度，有时人们会转移风险，把其引向竞争对手；有时人们会主动求助，和朋友共同承担风险。

5. 经营风险

商人的最高境界就是经营风险，成为时代的弄潮儿，普通人甚至看不到他们经历过的风险。他们站在商业社会的顶层，拥有卓越的远见以及强大的能力，从风险中牟取利益。可以说，一个企业把集团风险管理得越好，它将风险转化为机遇的能力就越强。踏着风险前行，做风险的弄潮儿，在与风险的博弈中发展，这是优秀企业能够达到的境界。

商务宝典

风险管理的关键不在于消除风险，而是主动迎接，收获机遇。风险管理所要做的应该是对风险进行管理，主动选择那些能够带来收益的风险。

不要接受对方的第一次报价

> 无论你是否设定了理想形象，都请你注意不要混淆了“实现最终价值”与“追求理想”，前者是目的，后者是手段。
>
> 麦肯锡全球战略顾问，筑波大学研究所客座教授　高杉尚孝

商务沟通是一场心理上的博弈，双方在谈判桌上斗智斗勇，希望自己开出的价格能够被对方接受。然而，有经验的人总是坚守一条原则：不接受对方的第一次报价。

敢于对客户的报价说“不”

一直以来，人们总是害怕得罪客户，被“客户就是上帝”的口号给吓到了，所有的服务都是围绕着客户转，客户说什么他们都不

敢反驳，甚至在谈判的时候也不敢提出自己的正当诉求。这种现象在职场新人中普遍存在，甚至连麦肯锡公司也不能避免。

有一次，麦肯锡公司来了一位新人，他之前曾在一家跨国企业做业务员，主要负责广告方面的销售工作。令人感到奇怪的是，他轻轻松松地通过了麦肯锡公司的面试，并且拿到了聘书，按理来说他实力不低，但是在实际工作中，他首次出战就闹出了笑话。客户一开口就把费用定死了，再高就不谈了。面对态度如此强硬的客户，他有点不知所措，用他自己的话来说，叫“脑子里突然一片空白”。无奈之下，他十分勉强地跟客户签订了合同，但是拿到的利润却是公司有史以来最低的。上级主管向他询问其中的缘由，他说：“我当时太紧张了，客户的态度又十分强硬，我担心报价过高会导致客户流失。”主管说：“并不会，我们的报价并不是随意规定的，而是参考了市场的平均价格以及具体案件的实际情况，这一点你应该是知道的。如果客户不满意，可以让他去找其他公司，这才是正常的生意往来。记住，委屈自己不会给别人带来好感，生意场上需要的是彼此尊重。”

用温柔的方式拒绝客户的报价

在商讨报价的时候，要注意不能伤了和气。不论是谁赢得了谈判，都要让客户觉得是他赢得了谈判。因此，在谈判的过程中，最好采用温柔的方式，巧妙地拒绝客户的报价，同时还不能引起客户的反感。

1. 用惊讶的语气，让客户主动调价

当对方提出了报价以后，你可以露出惊讶的表情，让客户误以为这个报价很荒谬。客户的心里会隐隐地感到不安，因为他也害怕这笔生意会失败。这样一来，客户便会主动调整价格。

2. 用沉默给客户施加压力

除了惊讶的表情以外，沉默也是一种表达不满意的方式。试想一下，当你热情地向别人介绍一件事情，换来的却是对方的一言不发时，你会有怎样的感受？沉默会在无形之中给人造成一种压力，形成一种无声的对抗，迫使客户主动调整价格。那些经验丰富的商业人士，都是喜怒不形于色的人，他们懂得利用情绪来为自己服务，也懂得调动他人的情绪。

商务宝典

不要轻易接受对方开出的条件，否则会显得你很廉价。

第五章

用逻辑树分析法增强沟通的效果

为了提升沟通效率，麦肯锡人习惯使用“逻辑树分析法”分析问题，即按照界定问题、列出问题结构、分析因素之间的联系以及可能出现的结果等顺序进行。“逻辑树分析法”可以帮你逐步找到问题的关键因素，然后针对这些关键因素进行沟通，就能提高方案的执行效率。

用逻辑树分析法分析问题

> 如果沟通不能够确保将观点传递给对方，那么跟自言自语是没有什么分别的。
>
> 麦肯锡咨询顾问　**埃森·拉塞尔**

逻辑树分析法是麦肯锡的特色工作法之一，就是将问题层层列举，一一分析，最终得出结论的过程。在这个过程中，按照逻辑列举出来的分类，就像一棵大树一样，有主干、有分枝，因此这种方法也被称为问题树、演绎树或分解树等。

逻辑思维是沟通能力的保证

在沟通过程中，我们总会遇到各种各样的问题，那么如何才能理清思路，找到问题的源头呢？这就不得不提到逻辑了。在一般人的印象中，逻辑似乎是一个非常高深莫测的学术名词，可实际上，逻辑很简单，就是“提出问题—给出分析”，清晰的逻辑帮助我们看清现实，进而解答问题。每个人都有一定的逻辑思维能力，只是能力大小不同罢了。

假设你的团队接受了一份委托，要帮助某个公司提升销售业绩，首先你们要深入实地，进行调查和研究，根据MECE分析法的原则，用逻辑树的方式，把该公司可能存在的与销售相关的问题一一列举出来。

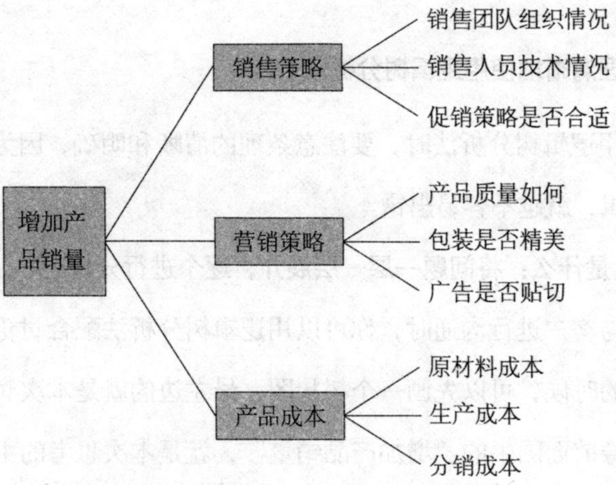

图6　逻辑树分析法

在商务沟通中，逻辑思维能力是必不可少的。可以说，麦肯锡公司的成功秘诀之一，就是他们始终坚持用逻辑树分析法锻炼员工的逻辑思维能力，进而提升公司的竞争力。在解决问题方面，逻辑树分析法具有3大优点：比较容易找出遗漏或重复、展开原因和解决对策、展现具体清晰的因果关系。

具体来说，逻辑树分析法的工作流程主要包括以下几点。

（1）将当前的现实分条列出，用“逻辑树”的形式排列出来。

（2）分析资料，合理推论，找出根本原因。

（3）提出假设方案，并根据现实进行论证。

（4）发散思维，查找方案中的盲点，并逐步完善方案。

（5）确定方案，并据此开展工作。

条理清晰地使用逻辑树分析法

使用逻辑树分析法时，要注意条理的清晰和明确，因为越是简单的逻辑，就越不容易出错。

1. 是什么：将问题一层一层展开，逐个进行分析

在与客户进行沟通时，你可以用逻辑树分析法配合讨论。在画逻辑树的时候，可以先画一个树状图，最左边的就是本次讨论的话题，就像前面图中的“增加产品销量”，就是本次思考的主题。接着，再把造成问题的原因一层一层画出来，通过层层推演，将问题逐渐抽丝剥茧，严密地探索问题背后的每一个原因，这样有助于使用者将表面化的问题以因果逻辑为线索，在深度与广度上寻找到问题的成因。

2. 怎么做：反向推演，找出解决问题的方案

通过逻辑树分析法，我们可以很清楚地发现导致问题的根本原因，以及当前最需要解决的紧急事件。我们应该讨论接下来应该怎么做以及可能出现的结果。分析问题时，我们从左向右分析，讨论解决方案时，我们要从右向左推演，即从导致问题的原因推向最终的结果。

商务宝典

讨论问题时，注意不要偏离目标，并且要考虑到具体的因果关系，这是最实用的逻辑。

麦肯锡的三种逻辑树分析法

> 分析或者是解决问题的能力，追本溯源，都属于逻辑思考的应用范围。
>
> 麦肯锡全球战略顾问，筑波大学研究所客座教授　**高杉尚孝**

在麦肯锡公司，逻辑树分析法的使用非常普遍，根据使用场景的不同，逻辑树又可细分为议题树、假设树和是否树。

议题树：将问题逐层细分

议题树是最典型，也是最简单的逻辑树，它就像是一棵大树一样，将问题逐层细分。通过逐层细分，我们可以把模糊不清的问题分为无数个具体的小问题，使原本难以下手的问题，变得更容易操作。

议题树的特点就是宽广、博大，它可以容纳一切可能性。这是它的优点，但它也存在缺点。正是由于可能性因素太多，因此议题树实施的过程比较缓慢。在将一个大问题分成具体几个小问题的过程中，我们需要考虑的因素有很多，也许这些因素对于议题的解决并不能起到直接的作用，但是思考解决办法时，我们要将它们考虑在内。

通常来说，议题树这种形式适合在问题一开始出现的时候使用，这时问题还很宽泛，具体的原因也不太清楚，各个因素所占的比例也不明确，需要把所有因素都列出来，逐个进行比较和分析，这样一来，解决问题就会变得相对容易。

假设树：论证假设性问题

假设树就是直接提出一种解决方案，然后给出足够的证据，来证明或者否定这个假设。和议题树不同，假设树看上去不像是解决问题的，更像是一个论证的过程，因为它的核心就是一个假设性的题目。

假设树的特点就是快，因为它只针对一个具体的问题做解答，所以它的处理速度比议题树快很多，解决问题的效率也更高。从这一点来看，假设树的使用范围远远比不上议题树，它可以作为议题树的辅助，对问题进行更深入的分析。一般来说，只有对现状有足够的了解，才能提出这种合理的假设性问题，并且进行论证。

是否树：将问题简单化

相对于议题树和假设树而言，是否树显得更加简单，也更加具体。画是否树就像是在做选择题，先给出一个问题，在“是”和“否”之间选择一个。如果是“是”，则通向××建议，如果是“否”，则通向其他建议，然后逐步细分下去。

是否树的特点是简单，一眼就能看明白，对就是对，错就是错，绝不拖泥带水。一般而言，越具体的模型，适用范围就越窄，是否树的模型就属于这种形式。一般来说，人们对问题有了很好的理解以后会使用是否树，这时人们可以把某些问题说得头头是道。事实上，当一个问题摆在麦肯锡团队面前时，麦肯锡人会先运用是否树对问题进行一次判断，确定该问题“是否为一个单一的且在指定范围内的问题”。

这三种逻辑树，各有各的特点，在使用的过程中，要根据场合和时机选择适当的逻辑树。为此我们需要尽可能全面地了解问题的内容，将已知的所有要素弄清楚，这样之后才能决定应用哪一种逻辑树。

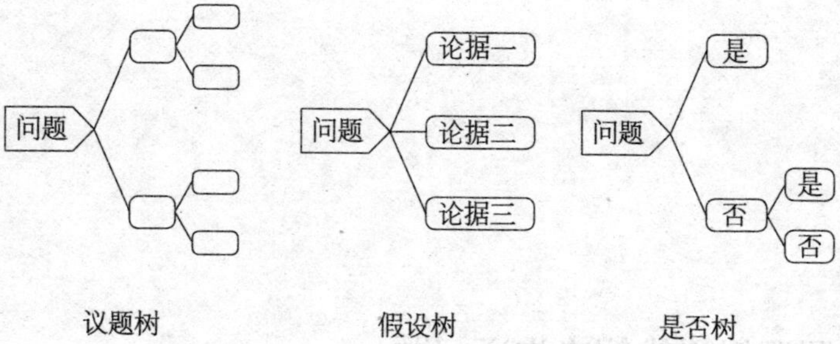

图7　三种“逻辑树”

商务宝典

逻辑不能单纯地依靠感觉，而是要有具体的主张和论述过程。

按照逻辑思维解决沟通问题

> 爱因斯坦说过：“一位科学家必须是一个‘严谨的逻辑推理者’。”逻辑思维是人类最基本的，也是应用最广的思考方法。无论在哪个领域，逻辑思维都能够帮你把握事物的本质，有效地解决问题。
>
> 麦肯锡全球资深合伙人 **洛威茨**

对于一个在商场中打拼的人来说，沟通力就是他的竞争力，而逻辑则是沟通力的基础。如果一段对话没有清晰的逻辑，就会出现无法沟通的场景：你指东，他指西；你说战略，他谈执行；你讲普遍，他讲个案；你说道理，他谈感情……就像鸡同鸭讲，无法沟通。

沟通的漏斗效应：是什么阻碍了沟通

如何保证一段对话不被误解？最好的办法就是当面对人说清楚，而不是通过别人的转述。如果参与转述的人多了，就难免会出现偏差。就好像一个漏斗一样，漏斗最上面的直径很大，越往下，直径越小，到最后只剩一个小孔了。

例如，公司的董事长对总经理说："明天我会和朋友去车间看一看，你让车间的人准备一下。"

接着总经理找到了车间经理，对他说："明天董事长会陪同别人去车间视察，你们要做好迎接工作。"

车间经理对科长说："明天董事长会和一位重要人物来车间视察，你们千万不能放松，要做好车间的5S管理。"

科长对生产线组长说："明天董事长会和一个当官的来车间视察，我们要做好5S管理，还要做好迎接工作。"

生产线组长对员工说："明天董事长会和市长来车间视察，我们要做好5S工作，出现误差会扣分的。"

如果让生产线上的员工继续传下去的话，估计很快就会变成"董事长要陪国家主席来视察了"。这就是沟通漏斗的经典表现，信息在传递的过程中会出现失真。一旦信息失真，沟通的效果就会大打折扣，甚至被人误解，产生负面效应。

在管理学上，有一个与此相关的课题，叫作沟通漏斗。受表达能力的制约，人们平均只能表达出80%的意愿，对方能够听到并观察到的大约为60%，真正能够接受的大约只有40%，等到执行时，只有20%了。你的构思或许很完美，但离最终效果还很远，这就是沟通漏斗效应造成的。我们说的提高逻辑思维能力，就是要从根本上解决这个问题。

堵上沟通漏斗中的逻辑漏洞

1. 把话说准确，不要模棱两可

这是麦肯锡公司反复强调的一点，也是解决沟通漏洞的首要原则。在和别人沟通时，我们首先要对计划中的每个要素、每个步骤了解清楚，并且能够用清楚、明白的语言讲述出来，这样才能提高沟通效率。例如，需要投入多少资金？什么阶段投入？用在什么方面？如何考核利用率？

2. 甄选沟通内容，放大沟通效果

人们总是更关心那些与自身有关的事情，对于那些无关紧要的事情却很少有人愿意关注。因此，在沟通之前，不妨提前进行筛选，专门说那些与对方有关的内容。在沟通漏斗的理论中，人们能够听懂的大约为40%，能够接受的约为20%，不妨把谈话的内容划定在这40%之内，重点讲述这20%，如此一来，沟通效果肯定会大幅提升。

3. 选择沟通对象，不做无效交流

商务沟通有着明确的目的性，所以要尽量避免多余的无效沟通，这也是减少投入、提高效率的重要方式。要讨论一件事，就应该直接找该事件的负责人，不要在其他人或其他事上浪费时间。麦肯锡公司之所以有今天的地位，和他们精准沟通的理念有很大的关系。

商务宝典

沟通就是影响力，沟通就是执行力。对于重点的、有分歧的问题要及时进行沟通，形成良好的工作氛围，消除沟通屏障。

最常用的五步逻辑沟通法

> 真正的专业人士，即便将其置于一个完全陌生的环境中，他也能有效地发挥自己的判断力与洞察力，发现前进的方向，进而披荆斩棘、一往无前。
>
> 日本著名管理学家，麦肯锡日本分公司董事长　**大前研一**

有时，我们对自己的演讲信心十足，十分满意，自以为是一场完美的演说，一定能够感动在场的听众。然而现实或许并不如意，在听众看来，你的方案或许充满了逻辑漏洞，提供的论据也完全不能得出最终的结论。因此，作为一名专业的商务人员，有必要学习一些基本的逻辑技巧，以提升沟通效率。

五步逻辑沟通法是麦肯锡最经典的沟通方法。它的思维模式非常清晰，按照“罗列事实—提出痛点—满足需求—展望未来—归纳总结”的步骤，将内容一步步展示出来。

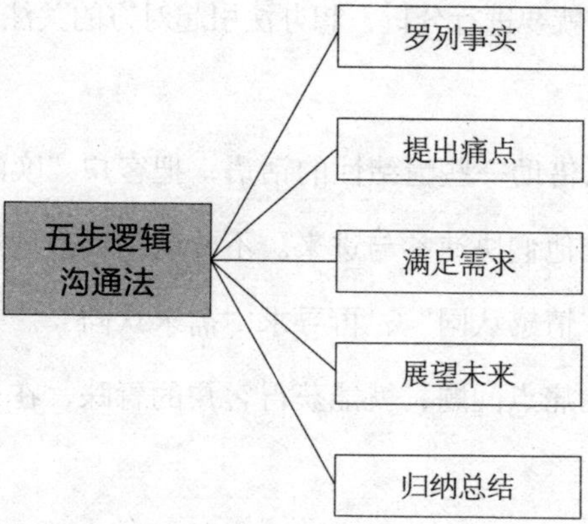

图8　五步逻辑沟通法

罗列事实：指出客户当前的现状

要说服一个客户，最好的办法是从客户的利益着手，把你要推销的产品或服务与客户的现状联系起来。如果你打算推销一款产品，不要一开始就介绍产品，而应该先告诉客户这款产品会帮他们填补什么样的缺陷、满足什么样的需求。总之，要让他们相信，他们的经营有些地方是有问题的。商务沟通应该是一个循序渐进的过程，直接讲述方案未必能够起到好的作用。

提出痛点：吸引客户的注意

开场的讲演只是一个引子，目的是引出接下来的内容。提出痛点以后，接着就要进行分析，想办法引起对方的关注，这一步是最重要的。

我们可以借助一些情绪性的话语，把客户“唤醒”，激发他们的兴趣，让他们快速参与进来。不要着急讲道理或者教做人，而要先获取“情感认同”，再寻求“需求认同”。一款产品如果能解决客户的痛点问题，就能获得客户的青睐，在市场上拥有好的前景。

满足需求：展示方案的功能

引起客户的兴趣之后，接下来要做的，就是向客户展示方案，满足客户需求。在这里，我们可以介绍方案，讲述自己的解决方法。解释一下方案的工作原理和使用情形，目的是解决客户的疑问，即“我能用这个方案干什么”。

在这个过程中需要有详细的说明、仔细的论证和不断的总结，确保客户充分理解方案，并使用案例、数据证明方案的有效性。同时还可以把设计过程中取舍细节的心路历程娓娓道来，让客户感同身受。例如，在展示方案之前，先用1分钟的时间做一个简短的概述，讲讲当初在设计方案时的趣事，吸引客户的兴趣。

展望未来：宣扬企业的精神

通过以上三个步骤，客户对你的方案已经有了足够的了解，但是这还不够，因为这个方案并不是公司的全部，你和客户之间还有进一步合作的可能。此时，你需要讲述的并不是方案本身，而是方案中暗含的企业精神，让客户从精神层面产生共鸣。

麦肯锡人在提供服务的时候，同时也将麦肯锡的精神刻在了客户的脑海中，客户只需要看到“麦肯锡”这三个字，就已经产生了信任感。

归纳总结：与客户达成共识

这是五步逻辑沟通法的最后一步，也是检验沟通效果的一步。当客户听完整段描述之后，他们的心里在想些什么？你可以询问他们，催促他们下定决心。

你可以使用一些暗示的语言，例如“相信你会很喜欢……”“你会发现……”等，强调你的建议能够为他的工作带来好处，要让客户觉得这是个明智的选择。

这种五步走的沟通方法非常有效，几乎已经成为生意人的必修课。一方面，它逻辑严密，能够清楚明白地把产品的特点介绍给客户，使客户对产品产生直观的认识。另一方面，它并不单调，而是有趣，因为它提出的痛点恰恰是与客户的切身利益紧密相关的，它用情绪引导着客户的思维。

商务宝典

一步一步地说，听众的思维就会跟着你的讲述前进。

第六章

麦肯锡谈判：于困境中扭转危机

谈判是生活中不可避免的事，无论你是否情愿，只要你进入商业社会中，你就已经是一名谈判者了。要在沟通中达成共识殊为不易，当沟通陷入困境时，出色的谈判能力就显得尤为难能可贵了。

谈判是一场信息战

> 一个成功的决策，等于90%的信息加上10%的直觉。
>
> 美国企业家　S.M.沃尔森

商务沟通不可能总是一帆风顺，很多时候难免遭遇挫折，甚至需要与对方进行针锋相对的谈判。而谈判是建立在信息上的，了解的信息越多，对谈判越有帮助。因此，想要取得谈判的胜利，在谈判开始之前，你就要尽可能地搜集相关的信息。

收集信息是谈判的必备条件

人们常说“商场如战场”，事实也的确如此。随着社会的发展，商业竞争越来越激烈。每一次谈判的过程，都像是一场无硝烟的战争。而在现实生活中，我们的对手不止一个，任何人都有可能取代我们的位置，因此熟悉市场环境，了解对手的信息，就成了我们战胜对手的关键所在。

获取对手的信息不是一件容易的事，但只要你用心观察，就会发现世界就像一张透风的网，你所需要的信息都会通过网眼飘出来。有时，对手甚至会在交谈中主动透露信息，而你要做的不过是大胆提问罢了。你也许会说，我和对方的关系不怎么样，平时见面也说不上几句话，更别说询问信息了。其实很简单，约他去吃饭，或者参加一个互动活动，甚至不需要攻破他的心理防线，他就会告诉你许多信息。除此之外，你也可以直接询问对方公司的职员，在他们的公司内部挖掘有效信息，或者咨询那些与他打过交道的同行，他们也会告诉你所需要的信息。

麦肯锡有专门的数据分析组织，其中包括麦肯锡公司的所有研究成果和专家意见，公司还专门聘请了数据专家，负责信息库的建设和优化。这些数据都是公司的绝密信息，外人是无缘得见的，只有麦肯锡的管理咨询顾问们才有权限借阅。通常，一个新的项目开展之后，涉及该项目的所有信息，包括研究目录、专家姓名、客户数据、华尔街分析报告等大量信息，都会在第一时间呈送至麦肯锡管理咨询顾问的办公桌上，这是其他公司难以企及的。从接触到这些信息的那一刻，麦肯锡的管理咨询顾问们就已经将同行们远远地甩在身后了。

麦肯锡的信息收集方法

在麦肯锡，收集信息是一门独立的学问，麦肯锡人对于收集信息有一套严谨的流程，且尽量保持客观。相比之下，很多公司还是会用主观判断去指导信息的收集工作，然而这是不科学的，极易导致毫无章法。

麦肯锡公司的信息收集工作主要分为以下几个步骤。

1. 分析信息，收集对手的情况

开展信息收集工作之前，麦肯锡人会先向对手公司做出基本的调查工作，以确保信息搜集不会出现遗漏。同时，只有了解该公司的成立时间、涉及领域、市场规模、财报信息等基本信息以后，才不至于在工作中犯下方向性的错误。

2. 利用互联网搜集信息

利用互联网搜集信息是非常方便的，麦肯锡人自然也会应用。利用科学的搜索策略、方法与技术，麦肯锡人借助网络提供的各种搜索服务，从信息海洋中找到有价值的信息。

3. 咨询顾问亲自上门访谈

在收集信息的过程中，麦肯锡人强调从现实出发，主动接近对方，用上门访谈的方式获取信息。在访谈之前，他们会拟一份访谈提纲，记录下自己想要了解的问题，以免在访谈的过程中出现遗漏。

4. 公司内部资料整合

信息搜集回来以后，麦肯锡人还要对资料进行整合，把资料去粗取精，由此及彼、由表及里地分析加工，最后将这些资料存入公司的数据库中。实现资料的整合需要独立思考，构筑清晰的逻辑，为接下来的工作做准备。

商务宝典

商务谈判是一场信息战，也是一场心理战，谁能掌握充足的信息，并且掌控心理优势，谁就能在谈判中掌握主动权。

深度分析数据，提高谈判力

> 咨询顾问通过数据分析让客户满意，客户购买的就是这种誓言。
>
> ——《哈佛商业评论》杂志总编 **塞奥·德尔·莱比特**

商务人士总是能够详尽地分析数据，用最简洁的方式让客户读懂方案。可以说，对数据的处理能力，是一个人沟通能力的体现。因为数据本身不会说话，也不会提有效的建议，所以就需要对数据进行有效处理，这样才能体现出数据的价值。

深度分析收集到的数据

麦肯锡的管理咨询顾问们认为，收集数据只是工作的一部分，距离工作完成还有很长的路要走。一个管理咨询顾问，同时也应该是一名数据分析师，要能够对收集来的事实和数据进行筛选，并且做深度分析，揭露其中存在的问题，并由此得出具体的解决方案。

数据分析，在产品的整个寿命周期、市场调研、售后服务的各个阶段都能用到，在商务沟通的早期尤其重要。管理咨询顾问通过对数据进行分析，向客户讲述整个市场的行情，以及企业存在的各种问题，将最终的解决方案通过数据体现出来。简单来说，通过数据分析，人们可以了解企业的运营情况、用户群体的心理诉求以及市场的未来走向等。通过对数据进行分析，人们能做出正确的判断，从而提高沟通效率，使问题早日得到解决。

数据是很复杂的，尤其是一家企业的所有相关数据，要想解决某个具体的问题，就必须收集大量的数据，然后从中把最重要的数据提取出来给用户。也就是说，所有的信息都需要经过整合、提炼、筛选，使其升华，否则就会成为无用的信息。

麦肯锡公司有一条原则，那就是在整理数据的时候，时刻牢记一句话："这个数据是什么？分析它有什么用？"有些信息或许很有趣，对企业也很重要，但是它与解决问题的关联不大，那么这个时候它就是无用信息，需要及时将其删除。通过这种方式，麦肯锡人始终能够保持极高的办事效率。

善用图表，使数据可视化

如今的人们更喜欢数字化、图像化的视觉感受，传统的纸质图书已经不能满足人们对于知识的多样化的需求，取而代之的是各种APP上推出的课程。这些课程紧贴现实生活，又加入了图表、音乐、动画等崭新的元素，虽然讲述的原理大同小异，但是给用户带来的感受却是完全不同的。

2018年1月，极光大数据发布《2018年Q1移动互联网行业数据研究报告》，其中针对“移动网民APP使用行为”的调查结果如下图所示。

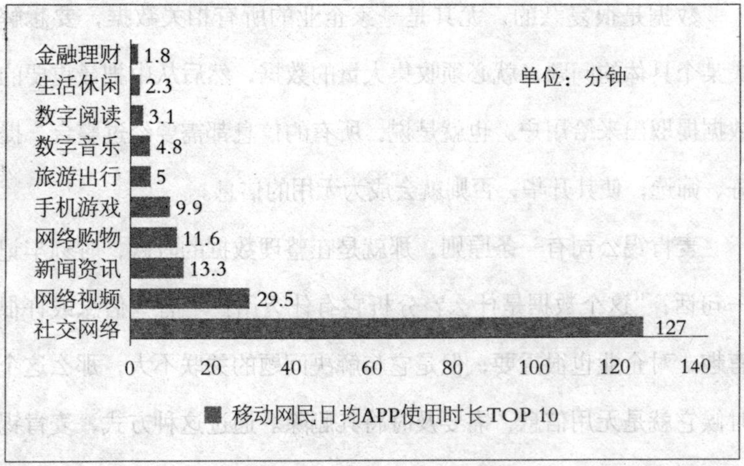

图9　移动网民日均APP使用时长TOP 10

中国移动网民每日平均有3.9个小时花费在手机APP的使用上。其中，花费在社交网络类APP的时长达127分钟，占日均APP使用时长的一半以上；花费在网络视频类APP的时长达29.5分钟；花费在新闻资讯类APP的时长达13.3分钟。

图下的这段文字读起来并不难，但是其中掺杂着的数据使人眼花缭乱，用上面图表的方式表现出来，则会显得更加美观、易懂。

人们一般喜欢看图表，而不喜欢面对着杂乱的数字和拗口的文字，因为图表直观、有趣。一堆冰冷的数字和文字无法打动人们，甚至让人感到心累，而图表却可以直接刺激人们的感观，提升人们对信息的认知效率，从而帮助人们提高整理和分析信息的效率。在与客户打交道的过程中，如果你会制作图表，那么客户一定会对你另眼相看。

商务宝典

典型的数据分析大概包含三步：探索性数据分析、模型选定分析、推断分析。

时刻围绕利益共同点来谈判

> 专家要控制感情，并靠理性而行动。他们不仅具备较强的专业知识、技能以及伦理观念，而且无一例外地以顾客为中心，具有永不厌倦的好奇心和进取心，严格遵守纪律。以上条件全部具备的人才，我才把他们称为专家。
>
> 日本著名管理学家，麦肯锡日本分公司董事长　**大前研一**

在商务沟通中，难免会遇到阻碍，这通常是由利益分配不均引起的。面对利益上的问题，就应该从利益方面去解决。找到双方共同存在的利益点，学会平衡双方的利益，方能解除沟通中的障碍。

谈判是为了找到双方的利益共同点

麦肯锡人的谈判工作并非总是一帆风顺的，事实上他们经常遇到困难。与麦肯锡顾问进行沟通的大多是生意场上的老手，他们懂得如何寻求利益最大化，有时他们会表现得攻击性十足，充满了竞争性，即便与麦肯锡合作过，他们也不会轻易做出让步。麦肯锡人认为，面对这种情况，最不可取的方式就是针锋相对，产生正面对抗，这只会让双方两败俱伤，而不会给公司带来任何好处。此时要做的就是寻找双方的利益共同点，即一个合适的点，对双方都很公平，否则就无法平衡双方的利益。

无论是公司方与客户方的谈判，还是上级与下级的谈判，或者对手之间的谈判，其本质都是一样的，那就是找到利益共同点，以解决矛盾、获得双赢。谈判不是一场比赛，需要决出胜负，更不是一场战争，要将对手消灭，谈判的目的在于双方达成协议，各有所得。

虽然我们都在试图追求双赢，但是很多时候无法如愿以偿，致使谈判陷入僵局，这通常是因为我们在谈判时预先设定了立场，未能站在对方的角度仔细思考问题，使得无法找到利益共同点，进而出现分歧和争执。

用双方都能够接受的方案化解矛盾

《哈佛商业评论》杂志上刊登过一篇文章——《险境下的谈判策略》，在这篇文章中，作者介绍了驻阿富汗美军是如何与当地人进行谈判的。这些驻阿富汗的美军军官每天都要面临各种挑战。他们在各派势力错综复杂的局势下，努力获取当地人的信任，通过谈判获取有价值的情报。在作者看来，这些谈判高手之所以能够成功，是因为他们的谈判方向很明确，就是找到当地人的各项需求，并设法满足。在具体的谈判过程中，他们往往按以下五个步骤进行。

（1）根据地域，了解当地人的生活方式、利益诉求，以此确定谈判目标和实现目标的方式。

（2）了解谈判对象的种种顾虑，提出多种解决方案并征求对方的意见寻求合作。

（3）循循善诱，耐心说服，以获取当地人的信任，而不是用武力强迫他们说话。

（4）建立信任机制，说到做到，逐步加深当地军民的信任感，同时也为后来的合作扫清障碍。

（5）遇到对方提出的过于宽泛和尖锐的问题时，不直接回答，而是把着眼点锁定在当前的问题上，通过将心比心的谈话，缓解对峙局面，将谈判往有利的方向引导。

以上是美军部队的谈判方式，但同样适用于商务谈判。在现实生活中，商务谈判所涉及的公司之间，往往有着千丝万缕的利益纠葛，就像阿富汗人与驻扎在当地的美国士兵一样。即便是对待敌人，也不能带着满腔的怒火去谈判，因为这会对沟通产生负面效果。谈判之前，要弄清楚对方需要什么，他们的动机是什么，也要让对方明白我们的利益诉求是什么，然后再提出对双方都有利的方案，这才是成熟的谈判方式。

商务宝典

寻求利益共同点是构建人类命运共同体的前提。

BATNA 方案：谈判破裂时的备用选项

> 可持续竞争的唯一优势来自超过竞争对手的创新能力。
>
> 著名管理顾问 **詹姆斯·莫尔斯**

无论何时，都要给自己留下一个备用选项

商务沟通不可能永远一帆风顺，在沟通的过程中，我们经常会与对方产生争论，双方都坚持自己的意见，不愿意做出退让。此时就需要拿出备用选项了，也就是BATNA——Best Alternative to a Negotiated Agreement，翻译成中文就是“最佳替代方案”。

商务沟通本来就是对利益的争夺过程，对你有利的方案，或许会侵占对方的利益；对你不利的方案，或许会增加对方的收入。所以，人们需要进行讨价还价，在中间截取一个最佳平衡点，让双

方都能够接受，这一方案就是BATNA方案。BATNA方案既能防止你的利益受损，又不会让你获得超过合理水平的利益。可以说，没有替代方案，就没有选择的余地，也就没有胜利；BATNA方案越好，取胜的概率越大，获得的利益也越大。

美国有家公司新开了一家分厂，并且在当地一次雇用了数百名员工，但是在沟通过程中，因为某些具体的问题产生了矛盾。该公司按照原来的经验，规定女性员工享受不带薪产假12周，这也是美国同行的做法。然而美国是个联邦制国家，各地的法律制度并不完全相同。当地的工会试图为员工争取带薪产假12周的待遇，他们的理由是：当地经济水平较差，社会保障水平不高，妇女必须花费较多的时间和精力去哺育婴儿，否则就会给家庭造成很大的负担。工会的态度十分强硬，丝毫不肯退让。最后，该公司只好找麦肯锡公司，请他们出谋划策。麦肯锡的顾问经过实际调查之后，给出了一个折中的方案：女工享受不带薪产假12周，而该公司则负责出钱设立一个托婴中心，待女工产假期满后，回到公司正常上班，在婴儿满周岁之前，都可以将婴儿送入托婴中心，由专人负责看管和照顾，其间产生的费用由公司和员工按照7：3的比例分摊。该方案很快就被通过了，作为一个替代方案，受到了公司、工会和工人三方面的欢迎。

作为一种商务谈判的技巧和策略，任何人都应该提前准备好BATNA方案，这能够提升我们的应变能力，有助于打破谈判僵局。

除了这种谈判各方事先策划的最佳替代方案外，在比较具有合作性的商务谈判中，也可以由谈判双方共同讨论出一个最佳替代方案。

在正确的时机展示BATNA方案

在谈判开始之前，先准备一个BATNA方案，尽管其中的某些条款或许会让你不是很满意，但是它确实能够保住你的最大利益。从这一点来看，BATNA就像一份保险、一笔保证金。有了BATNA之后，会让你在沟通的时候显得更加自信和从容，并且当对方给的条件低于预期时，你也不会过于懊恼。

BATNA就像底牌一样，重要的是展示的时机，如果时机不对，就无法取得效果。时间太早，会让对方提前知道你的底线，会促使对方尽力压价；时间太晚，又会错失良机，等协议签订以后，BATNA就失去了意义。

那么什么时候才是展示BATNA的最佳时机呢？答案就是沟通陷入僵局的时候。当你反复沟通也无法取得进展的时候，往往就是你展示BATNA的最佳时机。

商务宝典

BATNA并非一成不变，随着谈判的进行，你也可以不断地调整自己的BATNA方案。

下篇

麦肯锡文案写作：合乎逻辑，才能解决问题

- 麦肯锡的文案建立在信息之上
- 麦肯锡文案的核心是逻辑
- 框架结构是麦肯锡文案的骨干
- 反复推敲，好文案是改出来的

第七章

麦肯锡的文案建立在信息之上

文案并不是凭空出现的，一篇优秀文案的写作，离不开各种相关资料的支持。文案创作者动笔之前，必定要先对这些资料进行详细了解，在此基础之上，才能写出贴合实际的文案。

文案创作前的准备工作

> 文案写手接到委托案之后，不会凭空决定“我要写一个见证式的广告”或者“我要写一个教人如何解决问题的广告”。他们会先研究产品、目标观众以及广告的目标，然后才会选出适合这项任务的文案技巧。
>
> 美国传奇文案写手　**罗伯特·布莱**

文案是对产品的介绍和宣传，一流文案不仅能够让人记住企业和产品的名字，还能给人以直观的感受。文案的创作不是一朝一夕就能完成的，它是一件既耗时又耗力的工作，需要提前做好各项准备，然后专心撰写，以获得更好的效果。

明确目的之后再动笔

文案是对产品和企业的展示，卓越的文案总是朗朗上口，让人百读不厌。麦肯锡认为，一份合格的文案，其首要原则必定是“清晰”二字：目的清晰、结构清晰、对象清晰。总之，要想文案写得好，先让客户读得懂。

在麦肯锡公司，流传着这样一个故事。据说麦肯锡公司的创始人詹姆斯·麦肯锡先生早年在招聘工作人员的时候，经常会在提问环节设置一些小陷阱。例如，当他面试一名运营岗位的面试者时，他会慢条斯理地问：“假如我们公司要在《纽约时报》上刊登一条广告，你觉得什么样的文案才是我们应该写的呢？”

这个问题看上去是个开放型问题，可以有很多答案，但其实标准答案只有一个，那就是“这条广告的目的是什么？”写文案的第一步，不是用户诉求，不是产品特点，更不是怎么吸引眼球，唤醒情绪，而是明确文案的目的。

确定文案创作的任务，是文案工作的第一步，也是大多数新人容易忽视的致命一步。文案创作的任务有很多种，就以广告文案来说，就包括品牌曝光、新产品推广、成熟产品抢占市场、活动促销等。只有确定了文案写作的目的，才能为接下来的工作确定方向，否则文案就失去了真正的意义。

搜集与产品相关的信息

动笔写文案之前，我们还要全面搜集与产品有关的资料，做到心中有数。离开了相关资料的支持，文案创作就成了无水之源。有时，顶级文案和新手文案之间差的就是搜索资料的能力。没有人天生就是文案大师，也没有谁初入职场就能凭借文笔征服一切，即便是麦肯锡的员工，刚刚入职之时，也不过是一群新人而已，要完成由菜鸟向大师的转变，他们还需要数年甚至数十年的磨砺。

麦肯锡人入职以后，首先得到锻炼的是他们的搜索能力和整理资料的能力，对于一名职场人士而言，工作的态度和方法是最重要的，工作能力的高低倒在其次。有了正确的态度和方法，就不怕培养不出优秀的工作能力。

当客户带着疑问和难题前来寻求帮助时，麦肯锡人会先要求他们提供相应的资料，然后结合自己查询到的资料，他们总是能够迅速掌握情况，进而做出应对。人们总是疑惑：为何麦肯锡人对市场的嗅觉如此灵敏，反应如此迅速？其实背后的道理很简单，就是他们将一些简单的事情做到了极致。

文案秘籍

如果你不能对资料如数家珍，做不到成竹在胸，那么对方就会让你不断地修改文案。

甄别资料，筛选出最核心的信息

> 很多人将假设与结论混为一谈的原因是，他们把很多由数据和信息建立起来的假设当成了事件的结论。
>
> 日本著名管理学家，麦肯锡日本分公司董事长　大前研一

很多人认为，人脑有90%的部分尚未开发，如果能将这些剩余部分全部开发，就可以记住无限的知识。但是麦肯锡人从不在意这些，相比未经证实的科学猜想，他们更重视现实世界。面对繁杂的信息，他们试图从中找出核心关键点，以降低工作的难度，在短时间内高效地完成工作。

信息筛选中的“布里丹选择”

据说法国哲学家布里丹讲过这样一则故事：有一头毛驴发现了两堆干草，这两堆草都很鲜美，毛驴左右为难，因为两堆干草它都想吃，却拿不定主意先吃哪一堆。当它走到左边时，眼睛却看向了右边的干草；走到右边时，心里又在惦念着左边的干草。就这样，毛驴始终在犹豫不决，结果两堆干草它都没有吃上，最终被活活饿死了。

这就是有名的布里丹选择，毛驴明明有两个选择，但是它偏偏一个也没有选，人们喜欢把这种情形称作“挑花眼了”。

在写文案的时候，布里丹选择效应也经常出现。当我们翻阅手中的资料时，灵感接二连三地涌现，如果不对它们进行梳理，最终得到的文案就会杂乱无章。如何在文案写作中避免出现布里丹选择效应呢？最好的办法就是从源头做起，先筛选资料，留下最核心、最有用的部分，然后根据这些资料进行文案创作。

在实际工作中，我们最常接触到的资料通常可以分为三种：客观资料、评价资料、建议资料。客观资料是已经存在的事情，比如“公司去年的营业额是2亿元人民币，较前年下滑了10%”；评价资料是人们对事件的看法，比如“公司老总对去年的营业额很不满意”；而建议资料则是我们应该要做的事情，比如“公司要求采取措施，提升产品的销量”。

学会辨识这三种资料，是避免布里丹选择的一个好方法，这在逻辑上就对资料类型做了分类。很多人容易犯这样的错误，他们把人们的评价当成了客观现实，听风就是雨，不加考证就轻易地下判断，结果以讹传讹，真相就被扭曲了。离开了现实和真相，文案创作也就偏离了正确的方向。

筛选资料，给文件“瘦身”

1. 去伪存真，辨别资料的可信度

资料是文案写作的基本条件，我们要仔细分析资料，并在分析中进行筛查和排序，去伪存真。那些把我们引向错误方向的虚假资料，首先就应该排除掉。

2. 给资料分段，标出每个段落的关键词

一篇文章、一个段落、一句话，都应该有明确的含义。给资料分段，并且标出关键词，才能理清文段中重要信息的行文脉络。

3. 运用比较法，删去冗余部分

有时，我们对资料的整理工作做得不好，前面已经有过的资料，后面又会再次出现，此时就可以前后进行对比，删去重复的部分。我们可以根据关键词进行筛选，看看资料中是否有重复出现的关键词，然后进行比对。

4. 把文件归类整理

处理文件资料时，按照资料的重要程度，分别予以归类，有些需要保存，有些可以直接丢弃。经过一番努力之后，繁杂的文件资料瞬间就变得清晰了。

文案秘籍

优秀的广告文案既不夸大优点，又不掩饰缺点，而是尽可能地把信息条理化、简约化，让消费者能够用最少的精力获得最重要的信息。

客户的诉求决定了文案的主题

> 一个伟大的创意就是一个好广告所要传达的东西。一个伟大的创意能改变大众文化，一个伟大的创意能转变我们的语言，一个伟大的创意能开创一个事业或挽救一个企业，一个伟大的创意能彻底改变世界。
>
> 美国广告首席创意指导　乔治·路易斯

文案的创作不是随性而为的，它需要迎合客户的心理，当你准确地说出了客户的心声时，客户的心灵就会受到震撼，从而产生共鸣。因此，在写文案时，要注意倾听客户的心声，把他们的诉求当成文案的主题。

做文案需要懂点心理学

麦肯锡有一个习惯，在接到员工递交的文案时，不会立即对文案做出评价，而是喜欢先问一下员工对市场行情的看法，以及客户的心理诉求。如果员工回答不上来，麦肯锡就会认为他并不理解市场的走向，即便这份文案修饰得再精美，效果也会大打折扣。

麦肯锡的这种做法很少见，现在人们一般不会对文案创作者提出这样的要求，相对于做市场调查，人们更喜欢直接看文案。只要文案的用语够通俗、够形象、够有趣，人们就会认为这是一个好的文案，因为它具有传播力度。但是传播力度不代表传播效果，一个偏离了主题的文案，肯定不如一个契合主题的文案，即便前者的传播范围比后者更广。

如何才能写出合格的文案呢？麦肯锡用行动告诉了我们，那就是先做市场调查，亲身体会客户的感受和诉求。但光有这些还不够，了解消费者只是第一步，接下来还要打动他们，这就需要学会一点心理学，用前人总结出来的智慧去吸引客户的目光。

优秀的作者能够对客户的心理变化洞若观火，他们写出来的文案总是能够触动客户的内心。当客户看到文案时，他们的内心会经历以下四个阶段。

（1）惊讶：原来你也有这种感觉！我也是啊！

（2）疑惑：你是怎么知道这些的？

（3）感慨：看过这么多广告，只有你懂我！

（4）决心：这就是我想要的产品。

客户或许会认为，自己发现了一篇绝妙的文案，殊不知，是写作文案的人发现了客户。

利用“损失厌恶”效应吊足客户的胃口

广告文案一般是从两个方面进行宣传的：一是我们的产品很好，可以帮你解决什么问题；二是我们的产品很好，可以帮你避免什么问题。这两种表述方式看上去十分相近，唯一的区别就是“解决问题”和“避免问题”。然而在实际生活中，二者产生的作用完全不同。

心理学上有个概念叫“损失厌恶”，指的是人们面对同样数量的收益和损失时，损失会让他们更加难以忍受。也就是说，在买东西的两种原因里，逃离痛苦比追求快乐更加吸引顾客。2002年，诺贝尔经济学奖获得者，普林斯顿大学教授丹尼尔·卡尼曼用前景理论解释了这种现象。他认为人们在做一件事情的时候，会找一个参考点，然后进行判断，相比之下，“损失”比“获得”更容易让人们敏感。

“避免问题”实际上就是在利用“损失厌恶”效应提升文案效果，我们经常可以看到这一类的文案，例如奥美广告推出的一篇文案的节选段落：“我害怕阅读的人，我祈祷他们永远不知道我的不安，免得他们会更轻易击垮我，甚至连打败我的意愿都没有。我如此害怕阅读的人，因为他们的榜样是伟人，就算做不到，退一步也还是一个，我远不及的成功者。我害怕阅读的人，他们知道‘无知’在小孩身上才可爱，而我已经是一个成年人。我害怕阅读的人，因为大家都喜欢有智慧的人。我害怕阅读的人，他们能避免我要经历的失败。我害怕阅读的人，他们懂得生命太短，人总是聪明得太迟。我害怕阅读的人，他们的一小时，就是我的一生。我害怕阅读的人，尤其是，还在阅读的人。”

通篇都是“我害怕阅读的人”，然后列举出“阅读的人”拥有的优势，造成读者的心理恐慌。当读者看到这篇文案的时候，一定会想起上一次看到别人阅读时的景象，同时为自己空空如也的脑袋感到担忧，致使开始读书的念头涌上心头。

文案秘籍

不同领域内的客户，可能会倾向于不同的思维模式，在具体诉求上的表现也会有所不同。

从客户的角度去写文案

> 我没有说迷人的、富于机智的、热情的广告效果不佳。我只是说见到过成千上万个迷人的、富于机智的、热情的广告并没有产生市场效果。
>
> 达彼斯广告公司前董事长　罗瑟·瑞夫斯

有时，你对自己写出的文案信心满满，但是提交上去之后，却被上司无情地否定了。你或许会觉得很奇怪：为什么上司对这样文辞华丽的文案感到不满意，却最终选择一条看上去毫无亮点可言的文案呢？

走心的文案才能让人爱上它

写文案和写作文不一样，后者要求我们发挥想象力，最好是天马行空，文辞绝美，然而对于文案而言，拥有这些还不够。原因在于，文案需要唤醒消费者的需求，而你的文字所唤起的需求，并不能让消费者买单。

比如有个房地产文案这样写道："如果青春不放肆，老来何以话当年？"虽然作者豪情大发，试图唤起买房大军的亢奋情绪，但是青春放肆和买房之间并没有什么逻辑上的关联，现实恰恰相反，人们买房并不是为了青春放肆，而是出于对老年的担忧，出于对现实利益的考量，人们或许会买房，但绝不会喜欢这条文案。

还有一些人喜欢夸大其词，造成一种"伪逻辑"，诸如"销量数十亿，连起来可绕地球××圈""×××含泪推荐""把外国人惊呆"等。这些文案都有一个特点，那就是无法考证。你不可能把产品连起来绕地球××圈，也无法找到名人问他是否真的"含泪推荐"过，更不可能把地球上所有的外国人集结在一起，一个个地问他们"震惊"了没有。此类文案，被人们称为"标题党"，它们的点击量很高，却也最容易遭到鄙视。

那么，该如何避免这种唤起需求，却又无法满足需求的文案呢？最简单的方法是站在客户的角度考虑，看看客户会怎么想。因此，优秀文案的创作与工作经验无关，与年龄无关，与学历无关，只与用心与否有关。

为文案选择合适的关注点

进行文案创作就像谈一场恋爱，走心的人总是更容易获得客户的青睐。不同的人，拥有不同的思维模式，他们有特定的关注点，因此在进行文案创作时，要根据受众群体的思维特点选择合适的关注点。

如果目标受众是年轻学生，就设法把关注点放在理想和信念上，这些美丽的事物最容易让他们着迷。当他们看到梦想的瑰丽色彩时，内心便会涌现出激昂的情绪。

如果目标受众是劳动人民，就把关注点放在利益上，他们承受着生活的重担。在重重压力下，梦想是个奢侈品，现实中的利益才是最实际的，也是最容易达到的。

如果目标受众是女人，就把关注点放在幸福上。别看女人的要求多，其实她们的最终目的只有一个，就是获取幸福。

如果目标受众是老人，就把关注点放在情感上，多听听老人的唠叨，让他们感觉到自己没有被遗忘，使他们彷徨不安的内心得到温暖。

找到了合适的关注点，人们才能用心去读，才会觉得这是一篇走心的文案。

例如，下面两则租房广告，描述的虽然是同一间房，但是由于关注点不同，产生的效果也不一样。

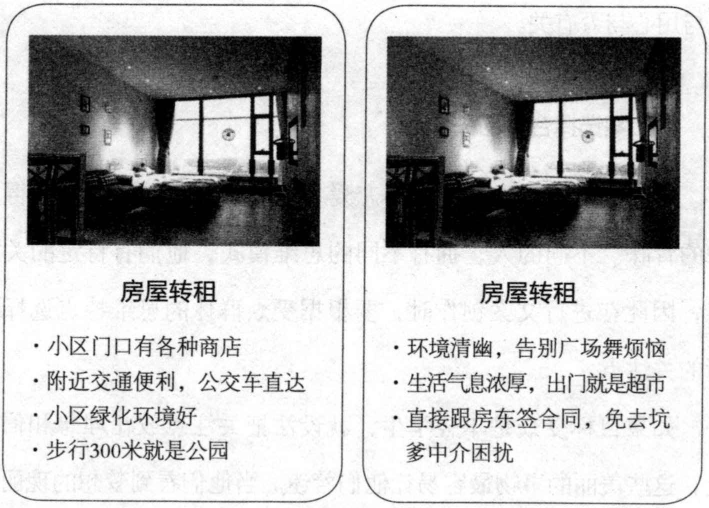

图10　两则不同的租房广告

左边的文案着重介绍了小区的硬件设施，右边的文案则紧紧抓住了目标受众（上班族）的关注点，为上班族们描绘了美好生活的场景。通过对比，显然，右边的文案更胜一筹。

文案秘籍

良好的洞察力能够换取真金白银。

文案创作必须考虑的各种元素

> 有能力的创意人员，不会认为他的工作只是做一则或一套广告，他一定会下功夫去了解影响产品销售的其他因素。
>
> 李奥贝纳广告公司创始人，广告大师　**李奥·贝纳**

文案是由多个元素组成的，每一个部分都需要精心打磨，这样才能获得良好的效果。那么，文案中到底包括哪些元素呢？这些元素的作用又是什么呢？

广告文案中的四个基本元素

人们一般将广告文案分为四个部分，即标题、正文、标语、随文。不过在实际生活中，广告文案的格式并不固定，有时人们会简化这些部分，以适应具体的情况。

1. 文案标题

标题是文案的灵魂，一个好的标题可以让读者瞬间领会文案的真正含义，从而在第一时间吸引读者的注意力。调查显示，文案的标题往往决定了人们是否会继续读下去，如果标题就已经让读者反感了，那么读者怎么可能对文案内容产生兴趣呢。为了突出标题，文案创作人员必须将标题置于最醒目的位置，还要用新颖奇特的文字，引起观众的注意。

2. 文案正文

正文是文案的主体，也是对标题的阐释。通过阅读文案的正文，人们可以了解到与产品相关的所有信息。文案创作人员必须努力凭借一定的技巧写好正文，因为正文是突破客户心理的关键。

3. 标语

标语是文案的核心，是文案作品中最能表现产品特色的一部分。一个好的标语，会把产品和企业的精神传达给消费者。当消费者看到产品或标志时，就能在脑海中想起文案标语。例如，劳力士手表的文案标语是“一旦拥有，别无所求”，这句标语就很好地突出了奢侈品的精神。

4. 随文

随文也叫附属性文字，一般是用来介绍企业名称、地址或联系方式的，内容比较固定，多附于正文之后。

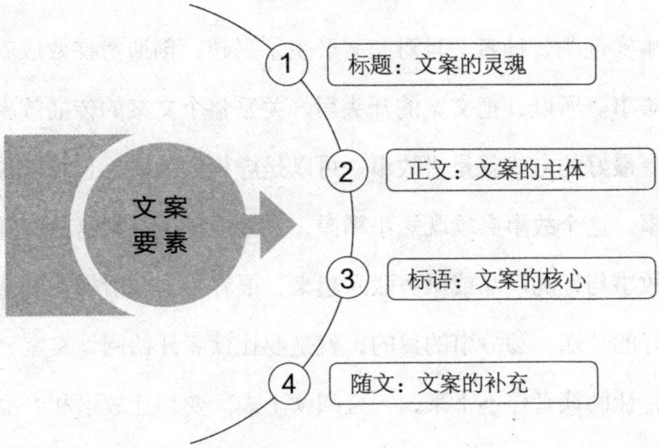

图11　文案的四大要素

一篇文案里面所有的元素都必须产生滑梯效应

约瑟夫·休格曼是文案界的传奇人物，他在《文案训练手册》中提出了一个著名的“滑梯效应”，认为文案应该清晰流畅，读者一旦开始阅读，就会情不自禁地一读到底，根本无法停止，就像从滑梯上面滑下来一样。

麦肯锡公司的文案创作秉承了约瑟夫·休格曼的理念，要求所有的文案创作都必须以“滑梯效应”为参考标准。在拟定标题时，必须用非常有力的文字去概括标题，以给人留下深刻的印象，迫使消费者不得不继续阅读副标题，读完副标题以后，又要继续去读正文，通过生动有趣的正文，使消费者对产品和企业产生好感。就这样，一句一句地读下去，一直读到结尾。

事实证明，读者一旦对文案产生了兴趣，创造滑梯效应就不是一件难事。所以，把文案的开头写好关乎整个文案的传播效率。吸引读者最好的方式就是讲故事，可以是虚构的故事，也可以是真实的故事。这个故事必须既短小精悍，又妙趣横生。把这些有趣的文章或故事与你的产品或服务联系起来，很容易为“滑梯”制造出一个良好的开端。写故事的目的，就是要让读者开始阅读文案，制造动能，让阅读者停不下来，一直阅读下去。要想让故事和产品之间产生完美的联系，除了知识，还要发挥点想象力。

文案秘籍

复杂的产品要做简单的介绍，简单的产品要做详细的说明，关键是让客户清楚地了解产品的各种信息。

第八章

麦肯锡文案的核心是逻辑

逻辑，就是人们思考的方式。符合逻辑，是合格文案的基本要求之一，它是说服力的根源，是文案传播效率的保证。如麦肯锡一样的世界知名的公司，都要求员工具备基本的逻辑思维能力。

逻辑清晰是文案写作的黄金法则

> 逻辑思考，是以最简单的方式向对方表达思想的一种能力，也就是把思考以最合适、最简单、最易懂的方式呈现出来。
>
> 麦肯锡日本分公司咨询顾问　大岛祥誉

写文章需要逻辑，写文案同样少不了逻辑，没有逻辑的话语会让人无法读懂其中的含义。很多人一心追求文案的新奇感，却忽略了内在的逻辑，这样的文案或许能快速吸引读者的目光，却无法让读者深入了解，使文案失去该有的意义。

文案需要有完整的逻辑链条

逻辑似乎是一件很玄妙的东西，似乎每个人都说过“逻辑”，但是很少有人能够说出逻辑究竟是什么。在大街上随便找个人，问他知不知道什么是“逻辑”，他很可能会支支吾吾，什么也说不上来。其实，逻辑很简单，就是思维的规律，“符合逻辑”就是符合正确的思维规律。

为了帮助大家理解逻辑对文案的重要性，我们先来看两个故事。

故事一：

王子住在王国里，他爱上了一位公主。然而，公主却不能接受王子的爱意，因为她被一条恶龙抓住了。为了救回心爱的人，武艺高强的王子穿上铠甲，带上宝剑，来到了山下，与恶龙进行了一场大战，最终打败了恶龙，并且救回了公主。

故事二：

从前，在一个富饶的国度里，生活着一位英俊潇洒、武艺高强的王子。有一天，王子骑马来到森林里，无意间在林间草地上发现了一位正在翩翩起舞的公主，看着公主美丽的脸庞，王子坠入了爱河。然而，正当王子回到城堡，准备正式向公主求婚时，公主却被一条恶龙抓走了。为了救回心爱的人，王子穿上铠甲，带上宝剑，赶到恶龙的巢穴与之战斗，最终打败了恶龙，并且救回了公主。

相对于第一个故事，第二个故事的逻辑明显更加清晰，完整地介绍了整个故事的前因后果，而且文字也更加优美。

许多文案新手一心想要写出新奇的文案，却忽略了基本的逻辑常识，陷入一些基本的逻辑误区。例如，洋洋洒洒地写了一堆市场上常见的产品介绍，却没有提到自家产品的独特卖点。这样的文案就很难称为优秀的文案，消费者即便认认真真地读完整篇文案，也很难对产品感兴趣，更找不到说服自己购买产品的理由。

资深文案也容易陷入一些基本的逻辑误区，比如：洋洋洒洒写了一堆理由，却忘记花点笔墨总结几条结论；写了一堆你必须购买××的×大理由，却给不出有力、关联性较强的支撑。这样的文案，即便是戳中了消费者的痛点，也成不了消费者购买你产品或服务的理由。

麦肯锡文案写作的五步流程

文案写作要符合逻辑，这个过程的前提在于“将自己的思维导向逻辑化”。如果我们没有任何工作方法，完全按照无意识的思考去写作，就很容易写出没有逻辑的文案。麦肯锡公司的文案写作具有明确的逻辑性，他们在写作时，总是遵循着清晰的脉络，按照“任务→用户→卖点→渠道→动笔”的逻辑链去思考，最终得到的必然是高质量的文案。

1. 明确任务

动笔之前，要先弄清楚，此次构思的文案是为了什么任务而服务？文案要达到什么样的效果？依照广告题材的分类，文案的撰写有着具体的任务，或树形象，或打品牌，或提供服务，或倡导精神文明等。

2. 研究受众

研究文案的受众人群，看看他们是都市里的年轻白领，还是学校里的学生，又或者是头发花白的老年人。每一款产品都有明确的受众人群，他们在对待产品时会有清晰的想法。对待这些用户，应该用什么样的语言去沟通呢？这是文案创作者必须思考的问题。

3. 提炼卖点

不同的受众人群，有着不同的逻辑思维，他们对产品的关注点也不一样，因此在撰写文案的时候，要从用户的角度去考虑，看看产品的哪些卖点最能够吸引他们的注意力。

4. 传播渠道

文案写出来以后，要通过报纸、电视、网络、传单等渠道传播出去。因此，在写作之前，还得考虑传播媒体对文案篇幅及风格的影响。

5. 润饰修改

做完以上这些步骤之后，接下来就可以动笔写作了。写完之后，要仔细读一读，调整一下语序和词语，并且进行润色。

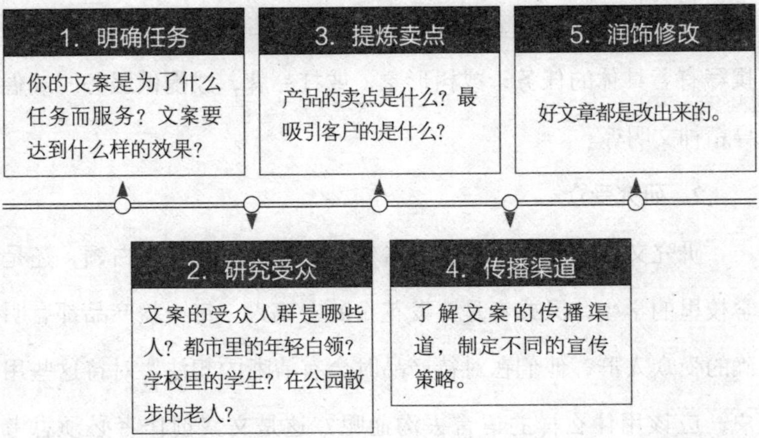

图12　麦肯锡文案写作五步流程

文案秘籍

文案的一字一句都应该清楚易懂，让人能够一口气读完，切忌拖泥带水。

文案写作的三个逻辑要点

跟对推销员的要求一样，广告人在表述自己的观点时，必须做到简明、清晰、令人信服。但是，辞藻华丽却是一个不利条件，独特的文体风格也同样是一个不利条件。它们分散了客户对广告主题的关注，暴露出销售的意图。

美国著名广告文案专家 **克劳德·霍普金斯**

文案写作需要具备三个逻辑要点：有结论，有理由，有联结。它们是一篇文案的思想脉络，通过清晰的三段式叙述，引导读者的思维。

理清文案逻辑的三个要点

当你试图说服一个人的时候，首先要有一个结论，例如“你需要做××”，或者“你应该买××”，这是文案的基本论点。接着，要给别人一个购买的理由，因为文案的本质是与消费者的沟通，无论你传递了什么信息，都必须让消费者知道你的理由。最后，还要用几句话将二者联系在一起，将整篇文案串联在一起。例如，苏州人文别墅归去来的平面广告文案就很好地体现了这一点。

“霜叶红于二月花”。

你之所忆，是否也是女儿之所见？

生活在苏州里的人，有时也会非常地想念苏州。

二十年时光流转，带来了富足近奢的享受，余下的，

更多是对旧时苏州的想念。

那些多年前不可奢望的梦想已成寻常，

而从前质朴的自然生活却又如隔世般难以寻回。

“归去来，田园将芜胡不归？”

故园依旧在，桃花已然红，石板路苔青出褪，

园中井水一样冰冷甘甜……

还好，我们还有归去来。

归去来，苏州故园，人文别墅。

以新建筑构造苏州新生活，

最能还原你记忆中醇粹的苏州味。

似是故人归。

这是一篇房地产文案，虽然没有直接说出结论——购买归去来别墅，但是当人们看到文案的那一刻，就已经明白了其中的含义。这种手法，很像中国画里的留白，虽然没有着色，但是读者已经感受到了其中的韵味。

在文案的前半段，作者着力描写了对苏州质朴生活的种种想念，这种想念是记忆中的苏州特有的韵味，随着城市化进程的发展，处处都是高楼大厦，却鲜有记忆中的韵味。从开篇到前半段结束，其实都是归去来别墅给出的购买理由。

而文案的后半段，看似是购买别墅的理由，其实是让理由和结论之间产生关联。

麦肯锡文案串联的两种逻辑方式

有了文案的三个逻辑要点还不够，精巧地将它们联系在一起才是最关键的。在逻辑学上，联结结论和理由的方法主要有两种：归纳法和演绎法。

1. 联想事物之间的共同点

在文案创作中，这种方法经常被人们使用。很多文案创作者通过罗列事实，找到事物之间的共同点，从而得出最后的结论。

在前面所说的苏州人文别墅归去来的平面广告文案中，作者罗列出了苏州文化中典型的特征——故园、桃花、石板路、青苔、园子、水井，激发人们的想象力，将其与归去来别墅代表的精致生活的精神联系在一起，全文充满了自然质朴的情怀，没有故作尊贵的虚伪，通过细腻的笔触，引发人们的共鸣。

2. 通过严谨的逻辑归纳，将事物联系在一起

上面所说的方法，偏向于情感方面，还有一种方法则理性得多。文案创作者通过严密的逻辑，将结论和理由联结在一起。比如“歌手会唱歌”“张学友是歌手”，得出结论是“张学友会唱歌”。

在具体的写作中，第二种方法更加严谨，因此说服力更强。而第一种方法更为感性，因此更容易引起好感。在实际使用时，应当结合多种因素进行取舍，例如产品的特性、面向的消费者群体、公司的宣传重心等。

需要注意的是，在使用第一种方法时，应当尽量将想要传达的意象描述清楚，让读者能够产生直观的印象。而在使用第二种方法时，应当尽量简化逻辑推导的步骤，使其不要过于复杂，否

则会让读者感到费解，从而降低文案的传播效果。

文案秘籍

堆砌形容词是一种拙劣的手法，因为那都是空话，没有干货。

金字塔原理：文案逻辑的核心技巧

> 进了麦肯锡公司，我被训练的第一个玩意儿是金字塔原则。后来证明，这也是之后诸多训练中，最宝贵最有用的玩意儿。
>
> 中国当代著名作家、医生、商人　冯唐

经常有人抱怨，辛辛苦苦做了数十页的报告，从商业文案到PPT制作应有尽有，可是最终呈现的结果却不如人意。这是因为他们的写作逻辑性不强，目标不清晰，最终导致结构过于庞杂，给理解带来了困难。金字塔原理就是专门用来解决此类问题的。

金字塔原理让文案写作更具象化

芭芭拉·明托是商业史上的传奇女子，她于1961年进入哈佛商学院，成为该校第一批女子学员之一；1963年，她又成功进入麦肯锡公司，成为麦肯锡公司的首位女顾问。进入麦肯锡以后，芭芭拉·明托的人生才算是正式起航。她在商海里浮沉，不断总结经验，最终归纳了一套特殊的工作方法——金字塔原理。

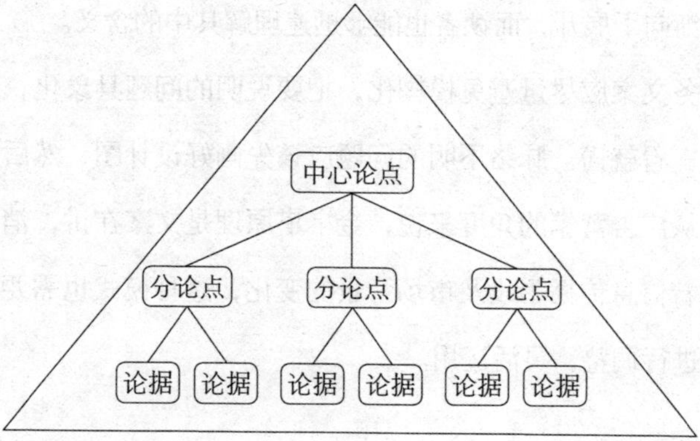

图13　金字塔原理

金字塔原理其实是一种解构问题的方式，从上往下内容逐渐增多，就像古埃及的金字塔一样，所以被形象地称为“金字塔原理”。搭建金字塔结构的具体做法是：自上而下表达，自下而上思考，纵向总结概括，横向归类分组，序言讲故事，标题提炼思想精华。

借助金字塔原理，人们可以更加清晰地思考，更加准确地表述观点。一般而言，构筑金字塔的步骤主要有以下几个。

（1）定义复杂问题，建立清晰的写作目标。

（2）评估文章所要表达的各层思想及其相对重要程度。

（3）使推理结构化，使论述更为连贯、透明。

（4）分析、确定论据的效用。

在长篇文章的写作上，金字塔原理发挥的作用尤为重要。当你的文章呈现出清晰的金字塔结构时，文章的思路便会由金字塔顶端开始逐渐向下展开，而读者也能够迅速理解其中的含义。

商务文案应尽量避免模糊化，把要说明的问题具象化，整篇文章让人一看就懂。脉络不明的问题应该先画好设计图，然后再制作文案。从广告营销的角度来说，金字塔原理是文案在讲，消费者在听。随着信息传播手段及市场背景的变化，这种模式也需要根据实际情况进行调整，灵活运用。

金字塔原理的两种模型

金字塔的第一层，是问题的中心思想，也是根本任务，是整个金字塔的核心关注点。第二层则是将核心观点分解得出的一个个分论点，而分论点又可以继续分解，得出第三层、第四层结构。也就是说，在信息金字塔的构图中，最上层的是主要信息，紧接着是关键信息，然后是次要信息。

金字塔原理一般有两种形态：一种是并列型，另一种是直列型。

在并列型金字塔里，同一层级的信息是相互并列的，关系是平等的，各自独立，共同支撑起上一层的信息。用这种方式写作，就好像与对方面对面谈话一样，有问有答，可以更好地吸引对方的注意力。

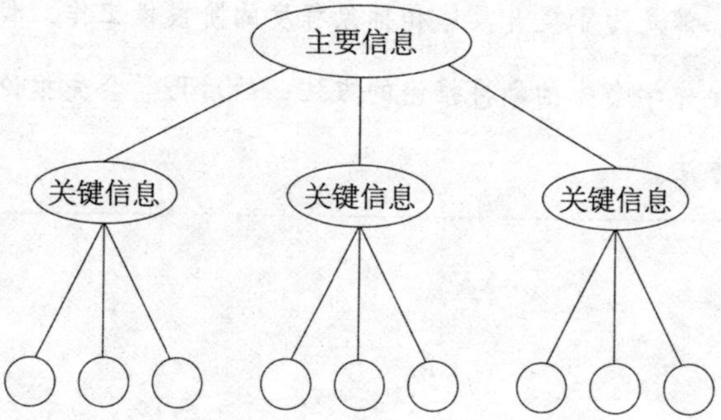

图14　并列型金字塔

而直列型金字塔的下层信息并不是相互独立的，而是有很强的序列关系，并且只有最后面（通常为最右侧）的下层信息支撑着上一层的信息。这种方式可以让我们的多个思维以归理或演绎的方式，列出问题的种种可能性，顾客的疑问都可以在此得到解决。

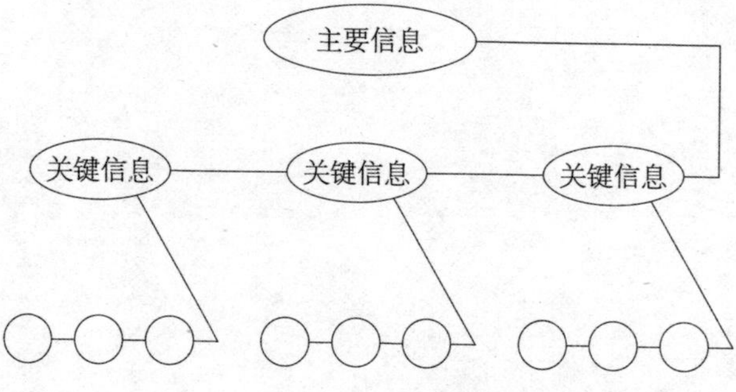

图15　直列型金字塔

文案秘籍

不管是使用抽象化技巧，还是使用将抽象事物具体化的技巧，都是为了提升具体和抽象程度的阶段性工作，我们通常需要先学会先抽象再推论的方法，然后再学会先推论再抽象的方法。

合理分段使文案清楚易懂

> 重要的不是要掌握多少数据和方法，而是要有创造性、逻辑性地找到“现在眼前发生的真正问题是什么”。
>
> 麦肯锡日本分公司咨询顾问　**大岛祥誉**

要想使文案便于阅读，就得学会对文案进行分段。长篇文字的信息量很大，可以拆分成若干个相对独立的小段落，每个段落讲一句话，传递一个信息。把整篇文字化整为零，读起来就没有那么累了。

分段也是表现逻辑的一种方式

上小学时，老师就教我们写作文要分段，时至今日，我们写文案时也要学会分段。分段，使文章的信息更加清楚、明确，每一篇文章都有一个中心思想，而每一个段落也有一个核心概念。通过分段，整篇文章的逻辑顺序都清清楚楚地呈现在读者面前。

现在市场上常见的文案大多数是以句分段，一句话占一行，例如左岸咖啡馆的一则平面广告文案：

明天见

Demain（注：法语，意思是“明天见”）

离开咖啡馆的时候

大家都会说明天见

Demain

在这个地方没有人说再见的

而是说明天见

因为天天都会来

明天

大家又会见到面

可是

明天我要回国了

我在左岸咖啡馆

Demain

整个文案非常短小，语句凝练，意味隽永，就像诗歌一样优美。作者选择以离别作为文案的核心，天下无不散之筵席，但是大家的情谊永远在心里，只要心存美好，就终有再见的一天，也表现出了作者流连忘返的心情。

由此可见，分段是撰写文案的好方法，甚至可以说不会分段就算不上文案。

麦肯锡公司对分段的认识显然更深，他们将分段提升到逻辑的层面上，从提升逻辑表现力的方面去考虑分段。他们认为，分段是将文案的信息拆分成一个个区块，文案写作者需要做的是调整这些区块的分布和比例，以提升文案的逻辑性，增强阅读感，而这一切都要在同一个主题下进行。

撰写文案时可以使用的分段方法

在撰写商务文案时，分段是一个很好的选择，但是分段也需要方法。不分段会导致文案篇幅太长，阅读起来十分麻烦，而频繁分段又会导致文章散乱，逻辑性不强，表达能力减弱。因此，在进行分段之前，有必要了解一下分段的基本方法。

1. 按照事件的发展顺序分段

在撰写故事类文案时，不妨按照事件的发展顺序进行分段，把事情的前因、经过、结果写清楚，并且分别划分段落。这样做的好处是清楚易懂，逻辑简单明了，层层递进，客户只要看到开头，就能知道接下来的逻辑顺序，因此更容易记住整篇文案。

2. 按照事物的组成部分分段

有的时候，一篇文案的组成部分比较复杂。作者为了详细说明整件事情，可能会罗列许多材料，从多个方面加以表现，这样就可以按照所述的几个方面来分段。在分段以后，可以把内容相同的方面划分为一段。这些材料彼此独立，因此不会被遗漏。

3. 按时间顺序分段

有的文案强调时间，可以按照时间顺序来写作。在撰写的过程中，多用一些表示时间进展的词语，例如“首先”“然后”“接着”“最后”等，看到这些词语，客户就会自动对文案进行分段。

总之，文案分段是很有讲究的，其中包含着许多规律，在撰写文案的时候可以借鉴，但是不能千篇一律，具体操作还是应该看实际情况。文案分段的构成是多种多样的，文案创作者只有在日常生活中长期坚持阅读，认真分析，经常训练，才能正确划分层次。

文案秘籍

分段中也可以包括标题、事例、说明等内容。

图文并茂传递更多的信息

> 创作过程要求的不只是理性，大多数独创的构思甚至无法用文字来表达，是不可言传的。它是一种意念，受制于直觉，受潜意识启发，经过不断地探索和实验产生。大多数人都不能做独创性的思考，因为他们不能摆脱理性的桎梏，他们的想象力被束缚住了。
>
> 奥美国际广告公司创始人　**大卫·奥格威**

在互联网时代，广告的表现形式日益繁多，单纯的文案广告已经很少见了，文案搭配图案、视频等则成为广告的常态。相对于前者而言，后者更能够传递更多的信息，同时也能保持清晰的逻辑。

文案和图案搭配能够传递更多信息

人们总是希望能够提升沟通的效率，用更少的时间，获取更多的信息。文案工作者就是负责这方面的工作，用寥寥几句话，就能将产品的精神传达给消费者。而图案显然比文字更加直观，图文并茂能够传达的信息远远多于纯文字文案。

图文并茂的方式可以使文案的逻辑链更清晰，因为图案已经传达了足够多的信息，不需要再使用过多的文字了，有时仅仅需要一句话就可以了。例如，耐克的商标非常简约，就是一个小钩子，而耐克的标语就更简单了，“just do it”，简单有力的文案，配上动感十足的商标，二者共同塑造了耐克的形象。只要人们看到这个商标，或者听到这个文案，就能立即想起耐克。

事实上，那些经验丰富的广告人，脑海中的灵感通常都是用图像的方式呈现出来的。正如奥美国际广告公司的创始人大卫·奥格威所说：“在一天深夜2点，我突然被头脑中的某种想法搅醒，我把这个想法记了下来：在佩珀里奇农场面包的电视广告的开头，让泰特斯·穆迪驾着一辆面包房的马车和一群马一起走在乡间的小道上。这个主意成功了。”

文案与图案分属不同的领域，前者是文字，后者是设计，然而二者之间的关系密不可分。文案通过文字来表现创意，设计要将文案创意在广告中呈现出来。两者之间是相辅相成的，文案是广告的灵魂，图案就是这个灵魂的外衣；文案是广告作品逻辑思维的表现，图案则是视觉效果的表现。好文案会说话，加上好的图案设计，能达到1+1>2 的效果。

文案与设计一定要保持协调

在广告作品的创作过程中，文案与设计要保持协调与沟通，保证设计能够充分解释文案所要表达的核心诉求，内外结合，才能创造出一流的广告作品。检验广告作品是否优秀的唯一标准就是广告是否能够有效传递产品信息，文案不同于文学，文笔好不一定能写出优秀的文案，文案是以市场调研、产品定位、消费群体及对消费者习惯和消费心理研究为基础来创作的，过分追求创意，诉求点不明确，往往适得其反。

广告构成元素间要主从分明、详简得体。有主无从的广告单调呆板，有从无主的广告散漫零乱。广告构图时，要根据广告的主题来确定以什么样的元素为主体，并以此主导整个广告画面的塑造，其他元素形式要从属于主体，这样才能让整个广告生动而不呆板，富有活力。

文案与插图之间的搭配是广告构图中体现最为明显的主从搭配，通常有“图主文辅”与“文主图辅”两种类型。在实际操作中，图文的主从搭配是相对的，两者之间一定要建立起呼应关系，使之相得益彰。

广告构图要保持均衡，就需要遵循对称均衡、对比协调的原则。用同形、同量、同距、同色的组合形式，在整个广告作品中呈现出秩序美与规则感，形成平稳庄重、严谨宁静的美感。这里面所指的均衡，并非机械平衡，而是整个广告画面给人们视觉上的安全平稳感。在实际操作中，经常采用的办法是“对比”，对比包括色彩冷暖、色泽明暗、动静曲直、位置高低、线条粗细、面积大小、数量多少等。这些方式都会产生对比效果，借此来突出产品的特性，吸引受众的注意力。

在广告设计中，文案与图案就像一对情侣，二者相互依存，携手并进。有甜蜜的时刻，也有争执的时候。在实际操作的过程中，我们应该小心谨慎一点，不要走入图文搭配的误区。有的人精心设计图案，又花费大力气选择文案，图案很美，文案也极富创意，但是二者放在一起，却显得联系性不强，没有任何逻辑可言。这样的广告对于产品没有任何帮助。

商务宝典

图表能让人一目了然，给文章增色不少，也是一些文章不可或缺的组成部分。

第九章

框架结构是麦肯锡文案的骨干

文案是一种传播方式，也是企业和客户进行沟通的方法。文案的框架和结构，体现了创作者的思路。一份逻辑清晰、内容布局合理的文案，能够更加有效地向客户传递信息。

框架结构是文案的生命线

所有字词的定义都与概念框架相关联。你听到一个词，它的框架就在你大脑里激活了。

哈佛大学语言学博士，认知语言学创始人　乔治·莱考夫

写文案就像盖房子，首先要树立一个框架，以确定整个文案的方向。文案的框架能够支撑起文案的整体轮廓，使文案具有统一性与整体性。借助内容框架，读者能够快速了解整篇文案的主旨内涵。然后往框架内填入具体的内容，使读者能够获得更多的信息。

树立框架结构是文案创作的前提

文案的框架，就是隐藏于文案内部的逻辑，一份逻辑清晰、框

架布局合理的文案，能够更加有效地向客户传递价值信息。很多新人由于缺乏经验，创作的文案往往在逻辑框架上漏洞百出，让人读起来感觉非常不流畅。因此，训练框架结构，提升逻辑思维能力，是每一个文案新人首先要学会的事情。

麦肯锡人对文案的框架结构有自己独特的认识，这使得他们有别于其他公司的创作人员。麦肯锡人认为，文案的框架构筑没有一个标准的答案，具体结构如何，要结合客户的心理和产品的特性来写。在创作面向普通消费者的促销文案时，可以使用简单一点的文案框架，从开头到结尾最多只能有2个递进关系，前后文之间不一定要有明确的逻辑关系；在写面向专业人士的内部文案时，可以设置复杂一点的结构，但是前后文的逻辑要清晰、明确。

例如，各大商店在节日里打出的促销文案，面向的是那些为生活奔波的人，他们的关注点在于生活，对高深的专业知识并不怎么关心。对于他们而言，标语的逻辑性不重要，重要的是打折的力度有多大。因此，在写这类文案时，商家都会尽量简化框架，同时用最响亮的口号吸引消费者，就像“1元拿回家”“全场五折”“×××大降价”等。也有一些公司会故意把文案框架曲折化，达到一种欲言又止的效果，例如，杜蕾斯的文案就是其中的翘楚，“亲爱的，德芙巧克力：感谢你。因为你的怦然心动，才有了我的初次登场”。

麦肯锡文案框架操作指南

在文案写作上，麦肯锡人有着一条心照不宣的准则：框架结构可以复杂，但是逻辑关系必须清晰。尤其是为公司写商业文案时，这条准则就更加重要了。大众偏爱浅阅读，高深晦涩的理论知识很难吸引他们的注意力，因此他们更偏爱结构简单的文案，最好还有图像、声音等媒介帮助说明。这不仅是视觉媒介上的趋势，而且是人类在心理上的必然选择。

在写文案时，不妨从以下几个方面着手。

1. 突出显示文案的逻辑树

文案写作要通俗易懂，让人一眼就可以看懂其中的含义，并且默默记在心里。当文案篇幅太长时，为了帮助对方理解，不妨把文章的段落摘要放在前面，就像是图书的章节名一样，如此一来，整篇文案的逻辑顺序也就清晰明了了。

2. 每一个段落都要有一个主题

写文案要避免说废话，每一句话、每一个词、每一个字都应该有它存在的意义。每个段落都要有一个主题，顺着主题依次推进，文案的逻辑便在其中游走，读者的思维也顺着它前进。

文案秘籍

尽量避免长篇大论式的说明，否则会给阅读者造成负担。

麦肯锡 SCQA 模型法：条理分明的架构法

> 文案必须是流畅的，它的连贯性还必须讲得通。它必须要以一种便于理解的顺序组合在一起，每一个想法的逻辑都要和上一个想法联系到一起。很多人都已经告诉我，他们在看我的广告的时候，每每想到一个问题，总是能在文案的下一句话中找到这个问题的答案。
>
> 美国畅销书作家，广告文案撰稿人　**约瑟夫·休格曼**

文案要有传播价值，而有趣的文案更容易得到人们的认同。人们逐渐发现，越来越多的企业变得更加人性化了，他们推出的文案越来越贴近生活，即通过生活中的一些小故事，讲述商业市场中的大趋势。

会讲故事的文案才有趣

在图书市场上，有这样一条规律：卖得最好的书永远是小说。因为小说的逻辑关系最清晰，在翻开书本之前，读者就会预先猜想：主角是谁？主角是做什么的？反派是谁？反派做了哪些事？在阅读的过程中，他们带着这些预设的提问，津津有味地读着小说的每一页，永远不会觉得累。

商场中也是同样的道理。传播度最广的文案，永远是那些条理分明的故事性文案，文案的故事性也逐渐成为当今文案的流行趋势。对于一家公司而言，产品营销需要故事，品牌的传播也需要故事。再平凡的产品，都需要故事的衬托，这里面可以是产品本身的故事、企业创始人的梦想、品牌的精神价值等。

宜家公司在多伦多开业时发布了一条广告，他们在客流量较大的火车站附近搭建了一间模拟起居室，在里面摆满了宜家的家具，并且在每一个家具上都贴了一句话："打扰一下，想帮我把这沙发偷走吗？"当时，这条文案迅速引起了人们的兴趣，有的人真的把家具搬走了，并且没有遇到任何麻烦，没有警察前来拘留，也没有宜家的工作人员讨要家具。宜家的工作人员把整个过程录了下来，做成了视频，发布到网上，做成了事件营销广告。

麦肯锡SCQA模型法：专注于逻辑的文案写作

SCQA模型法是麦肯锡咨询顾问芭芭拉·明托在其专著《金字

塔原理》中揭示的重要法则，也是麦肯锡坚持至今的文案写作方法和商务沟通法。

SCQA是四个英文单词的首字母缩写：

S：Situation，即情境。描述一个现实中存在的情景，让对方产生共鸣。

C：Complication，即冲突。指出对方当前的现实与理想之间存在的冲突。

Q：Question，即问题。根据冲突提出对方关心的问题。

A：Answer，即答案。给出建议，帮助对方解答难题。

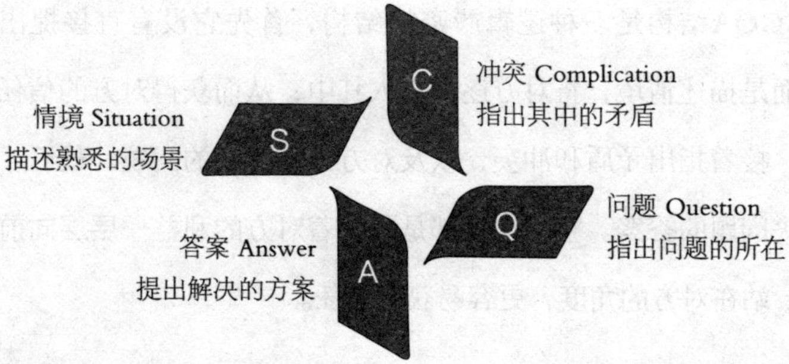

图16　麦肯锡SCQA模型法

SCQA是最基本的文案写作法，很多人虽然没有听过SCQA，却在无意中运用了SCQA法则。例如，下面这篇文案就是标准的SCQA范式。

一天傍晚，一对老夫妇正在吃饭，电话铃声响起。老妇人去另一间房间接电话。回来后，老先生问："谁的电话？"

老妇人回答："是女儿打来的。"

老先生问："有什么事？"

老妇人回答："没事。"

老先生问："没事？为什么打电话？"

老妇人呜咽着说道："她说她爱我们。"

两人相对无言，激动不已。此刻，画外音出现："用电话传递你的爱吧！"

SCQA结构是一种逻辑严密的结构，首先它没有直接提出问题，而是描述情境，将对方逐步引入其中，从而获得对方的信任和共鸣。接着指出矛盾和冲突，以及对方当前存在的问题。最后才给出解决问题的答案。整个过程都是围绕着对方的利益一层层向前推进的，站在对方的角度，更容易获取信任。

文案秘籍

逻辑思维能力可以通过系统地训练得以提高，比如利用思维训练题、思维导图等，帮助自己打开思维之窗。

FAB 法则：最经典的模块化写作

> 好文案中有一些内容看起来似乎完全是为消费者着想。但这些广告其实是以对人性的洞察为基础的，撰稿人很清楚怎样引导人们购买。这就是销售艺术。优秀的销售员不只是大声叫喊一个品牌。他不说："快来买我的产品。"他把自己放在客户的角度来看待广告提供的服务，从而确保消费者看到广告就自愿购买产品。
>
> 著名广告文案专家　**克劳德·霍普金斯**

麦肯锡公司用的FAB法则原本是MBA智库中提出的一种分析方法，旨在帮助销售人员了解客户的需求和意向，进而在销售过程中做出针对性的说服。后来，人们将FAB法则用在了文案写作上，并且取得了不俗的效果。

FAB法则：根据产品的卖点布局文案

FAB法则是Feature、Advantage、Benefit的首字母缩写，Feature是指产品的特点，Advantage是指产品的作用，Benefit是指产品能给消费者带来的好处。FAB就是从消费者的角度挖掘产品的卖点。根据FAB法则，麦肯锡人将文案的布局模块化，创造了一种简便易行的文案写作方法，让人一眼就能看明白文案的主旨。

FAB法则的逻辑很简单，整体布局可以简化为：因为……（F）所以……（A）这样就能……（B）。

例如，针对一款浏览器进行的文案创作，就可以用FAB法则进行模块化写作。首先要进行分析。

产品的特点（F）：简单便捷。

产品的作用（A）：一搜就有。

产品给消费者带来的好处（B）：节省时间。

然后根据这些进行模块化布局，并且分别拟定文案，就像做填空题一样。

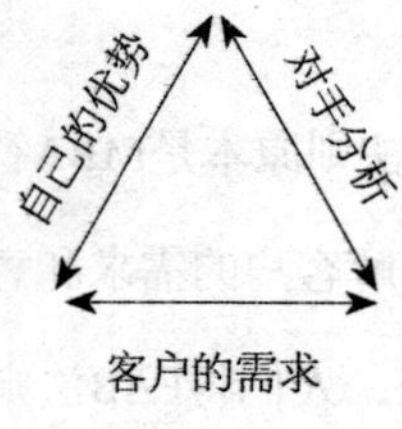

图17　FAB分析法则的三个维度

来看看QQ浏览器的文案《要现在》是怎么做的吧。

要现在

回头有空见面啊，回头有空聚聚啊，

但“回头”从未到来，“有空”从来没空，

见面只在朋友圈，聚聚只在对话框。

偶像剧里的男主角，趣闻里那滑稽的猫，

若你不在身边，诉这同境心语也是遗憾。

只想现在与你在一起，

浏览世界，笑谈人生，

我要的现在就要。

在第一段，作者营造出了一种老朋友间没机会见面的生活场景，也就是生活不简单，见面很麻烦。第二段则写了“男主角”和“猫”，对应的则是浏览器的搜索功能。第三段则直接写了对于节省时间的诉求，“我要的现在就要”是对情感的宣泄，重点还是在“浏览世界”这四个字上面。

FAB法则要根据客户的心理灵活运用

麦肯锡有个观点，他认为规范化的工作方法虽然重要，但是不可以拘泥于工作方法，因为现实往往是非常复杂的。很多人把目光锁定在FAB法则上，忽视了消费者的真正需求，写出来的文案很漂亮，却对产品推广毫无帮助。因此，运用FAB法则的前提是抓住消费者的心理。

1. 针对理性客户，用数据分析说服他

理性客户往往会百般挑剔，他们习惯于考察产品的各个方面，通常会货比三家、讨价还价。要想说服他们，不妨从利益的角度试试。例如从同类产品的价格、功能、质量、售后等方面进行对比，帮助客户减少思考的时间，提高说服的效率。

2. 针对感性客户，用情绪渲染打动他

感性客户的要求简单得多，他们更习惯于考虑产品的某一个方面，例如颜色、大小、设计理念等，而对其他方面却不怎么在意。针对此类客户，文案创作者可以专注于产品的某一个特点进行文案宣传，刺激他们的情绪。

文案秘籍

写产品文案要达到的效果，就是让客户认为你的推荐是最好的。

好标题能起到画龙点睛的作用

> 每个标题都应该体现出产品给潜在买主切身利益的承诺。它应该像我为赫莲娜·鲁兵斯坦的荷尔蒙霜所写的标题“35岁以上的妇女如何能显得更年轻”那样，承诺某种益处。
>
> 奥美国际广告公司创始人　**大卫·奥格威**

标题是对整篇文案的总结，也是对崭新内容的启示。一条好的文案标题，总是能够吸引读者、启发读者、引发读者的共鸣。读者看到标题之后，通常会在1~3秒钟之内决定要不要继续读下去，你唯一的机会就是通过标题吸引消费者产生看下去的兴趣。

标题是有效文案的关键

麦肯锡人做过一项统计，随机抽取了1087位网民作为受访者，向他们询问一个问题："你在阅读文案的时候，喜欢看文案的标题还是正文？"最后得出结论：在阅读文案时，80%的人会大致看一眼文案的标题，了解到这是一条广告，然后就会将注意力转移到其他事情上；剩下20%的人会继续读下去，他们想知道这篇文案究竟讲了什么。由此可见，文案的标题隐藏着巨大的力量，它决定了整篇文案的有效性。

奥美国际广告公司的创始人大卫·奥格威先生曾经这样说："阅读标题的人数是阅读正文人数的5倍。"换句话说，标题代表着一则广告所花费用的80%。如果你没有在标题里写点什么有推销力的东西，你就浪费了你的客户所花费用的80%。在广告行业中最大的错误莫过于推出一则没有标题的广告。

1. 主标题要独具特色

主标题是对整个文案的总结，也是整个文案的关键力量。作为文案的揭幕者，主标题应该十分醒目，让人容易记住，而且还能引发客户的共鸣。因此，主标题的关键是跳出同类文案的窠臼，不被茫茫文海淹没。在写主标题的时候，忘掉所有规则，找到属于自己的写作方法。跳脱常态的创意，根据产品的文化、特色、形态来输出贴切关联的文案，这样更能打动消费者。

2. 副标题要概括主题

主标题之后，紧接着就是文案的副标题。作为主标题的“助手”，副标题通常承担的是解答工作，充当主标题与文案内容之间的桥梁。所以副标题的用语要简明扼要，讲出文案的重点，点明主题。

文案标题写作的三个原则

1. 标题要给出有效信息

写标题最忌讳的便是故作深沉，故意卖关子，如果逻辑关系过于复杂，读者很有可能一头雾水，从而变得不耐烦，失去继续读下去的兴趣。

要吸引读者的注意力，最好的办法就是向他们做出某种承诺，比如“看了这个文案，你会了解××消息”。因此，在草拟标题时，要先对整个文案进行审读，提炼出文章中的关键信息，再根据这些进行创造性发挥。告诉读者，这篇文案值得他们花时间读下去。

2. 标题用语要灵活、准确

标题是整篇文案的浓缩，因此用语要准确，否则一字之差，就会使传达的意思完全不同。标题的受众层次不同，因此文案必须使用规范的语言。新鲜的内容和新颖的语言结合得恰到好处，才能给人留下深刻的印象，这样的标题才是好标题。

3. 在标题中说出客户的心里话

文案的标题要吸引读者，就得站在读者的立场上考虑，说出他们想听到的话。例如，乔布斯在推出iPhone 4时，使用的文案是：“This changes everything，Again.（再一次，改变一切。）”这条文案可以说是绝妙，因为它完美地契合了乔布斯试图彻底改变手机行业的理念，而iPhone也确实做到了这一点。

文案秘籍

文案标题不等于广告语，文案标题的实效比较短，它只是在相应的广告画面与产品中产生一次性作用。而广告语的实效非常长，几乎跟企业的寿命一样，要求具有经久不衰的永恒性。

优秀的广告语是品牌的“金钥匙”

> 广告标语由于言简意赅，容易记诵，而且总结了商品或服务的本质，所以使品牌名称得以深入人心。但是每几个月就会有几百个曾经出现在广告上的标语被弃如敝屣，不再被提起。
>
> 美国传奇文案写手　**罗伯特·布莱**

广告语，又称广告词，有广义和狭义之分。广告，顾名思义就是广而告之。广义的广告语是指通过各种传播媒介和招贴形式向公众介绍商品、文化、娱乐等服务内容的一种宣传用语，包括广告的标题和广告的正文两部分。狭义的广告语指通过宣传的方式来增大企业的知名度，广告语是市场营销中使商家获得利润的重要手段及方式。

麦肯锡对广告语的解释为："用一句经典的话语，吸引观众的注意力，强化品牌的形象。"

广告语是企业对外沟通的"脸面"

广告语是广告文案中至关重要的一环，它代表了产品的特色，浓缩了企业的精神。广告语对于人们理解品牌内涵、建立品牌忠诚度有不同寻常的意义。写出优秀的、有效的广告语并不容易，有些品牌为此干脆不使用广告语。

在人类悠久的商业历史长河中，出现了众多优秀的广告语。例如：

百度："百度一下，你就知道。"在与谷歌争锋时，百度的这一句广告语起到了极大的推动作用，几乎所有人都形成了一种潜意识："不知道？快百度呀。"

麦氏咖啡："滴滴香浓，意犹未尽。"1907年，美国前总统罗斯福在首次品尝麦斯威尔咖啡后，惊异于它的美味，大赞"滴滴香浓，意犹未尽"。从此，"滴滴香浓，意犹未尽"成为麦斯威尔一贯遵循的准则。

肯德基："It's Finger Lickin' Good。"意思是好吃到让你一直舔手指，这也成了很多人的习惯，吃完肯德基之后舔舔手指。

豪生酒店："Go anywhere, Stay here。"有人把它翻译成"去哪里，都请住这里"，但是这种翻译没有体现出原文祈使句的霸道口气，不如把它翻译成“不管去哪里，都住我这里”。

一句优秀的广告语，可以向用户传递鲜明的观点，从而使用户产生强烈的情绪。有的广告语使人感到安心，有的使人感到快乐，还有的使人对未来充满希望。通过对用户情绪的影响，企业为自己赚到了无限的商机。

做到这些，让广告语赢在起点

1. 明确广告语的功能和作用

要想写出优秀的广告语，首先得明确广告语的定位和作用。广告语不是用来宣传某个具体的产品的，而是用来宣传品牌的，向用户传递品牌的精神。可以说，广告语就是企业的战斗口号。因此，设计广告语的时候，必须多考虑企业的气质和精神层面。例如，华为的广告语是“华为，不仅仅是世界500强”，看似柔弱，看似什么都没说，实际上蕴含着一股不服输的韧劲，就像华为著名的“狼性文化”一样。

2. 少谈理性利益，多谈感性诉求

打广告不是谈生意，谈生意要求人们把利益摆上台面，一五一十地正面交锋。而打广告则更像朋友之间的闲聊，更适合谈感情，而不是谈利益。感性的顾客，永远是大多数。

3. 只要一个亮点，多的不要再谈

一个广告语，只适合传递一种精神、一个概念，尽量给读者减负，轻装上阵才能走得更快更远。即使面对老板“多写一点”的要求，也请你务必保持原则：只写一个。这一个点就是企业的核心精神，也是企业最具有优势竞争力的点。

文案秘籍

优秀的广告文案必须与广告战略相关联，否则注定会成为一个失败的作品。

漂亮的开头可以引发认同感

> 文案的正确写作方法，不是通过那短短的十几个字“编织”出某个意义传递出去。高明的文字应该是钥匙，唤醒读者脑海中本来就存在的影像。
>
> 席尔瓦·布莱特

文案的开场白很重要，它就像一个引子，为整篇文案开了个好头，也给读者留下了一个大致的印象。可以说，一个漂亮的开头已经把文案的基调定下来了，接下来的阅读都不会超出它规定的范围。

了解文案的目的，才能开个好头

每一位文案创作者都希望能够写出精妙的开头，给读者留下一个好印象。事实上，文案开头的水平，决定了读者是否有继续读下去的兴趣。然而万事开头难，写文案也是一样，寻找开宗明义的第一句话总是最困难的，就像闭着眼睛开车一样。那么，什么样的文案开头才算是好的开头呢？

要写好文案的开头，首先必须明确一点，那就是本次文案策划的目的是什么。麦肯锡认为，文案创作的形式虽然千变万化，但是文案创作的目的基本相似，可以划分为三种：第一种是品牌文案，其主要目的是提高品牌的影响力；第二种是产品文案，主要是为了介绍产品，促进销售；第三种是公关文案，当公司出现突发事件时，需要使用这一类文案维护公司的品牌形象。

在现实生活中，文案的功能往往不是单一的，而是有着多重目的，或者能够发挥多重作用。例如，有些文案本身是产品文案，但是它在传播的过程中也具有宣传品牌的功能。总的来说，文案必须要受到用户的青睐，让用户感到亲切、有趣、通俗易懂。

写好开头，文案就成功了一半

要想写好一篇文案的开头部分，不妨学习一下文案写作的套路。在日常生活中，以下三种写作模式是人们最喜欢使用的，也是实践效果最好的。

1. 制造悬念，吸引读者的好奇心

这估计是使用范围最广、使用频率最高的写作模式了。几乎每一位文案工作者都曾为制造悬念而苦思冥想。要制造悬念吸引读者的注意力，还要注意把握合理的尺度，不能让读者感到厌烦，进而有继续读下去的兴趣。

2. 使用对话式的开头，用情感打动读者

有些文案的主观色彩非常浓厚，通常都能让读者感受到作者的强烈情感，文案的开头，即对话的开头。作者用这种方式，主动向读者倾泻情感，希望以此打动读者。例如美国7-ELEVEN 24 小时连锁店的广告文案：

年轻人：清晨四点，整个城市好像只有在那个角落，让人觉得明亮且温暖。

店员：我记得那天冷冷的，还在下雨。他站在那里喝咖啡，心情好像很坏。

年轻人：只不过唱段他的一杯咖啡而已，他就像个老朋友一样陪我聊了很久。

店员：我只不过问问他是不是工作不顺心，他就像好久没有跟人说过话似的，一说就说个不停。

年轻人：我好像第一次跟一个陌生人讲那么多话！也就在这个角落里，我第一次感觉到许多人竟然那么单纯、那么认真地活着。

店员：嗨，刮刮胡子吧！常来哦，别忘了这个方便邻近的好邻居哟。

年轻人：那个早晨，我觉得自己的脸那么清新，那个角落真的特别明亮、特别温暖。

3. 描述现实场景，让读者产生共鸣

有些文案开头就抛出问题，将着眼点放在社会热点问题上，从而引起特定群体的共鸣。例如“假如你从小就想当医生，而你越过四十岁的门槛，仍没读过医科，你知道自己这辈子都不太可能当医生了，中年危机由此产生”，这条文案紧紧地抓住了“中年危机”这个关键词，描述了中年危机产生的原因——对理想的憧憬（从小就想当医生）和对现实的失望（四十岁仍没读过医科），就能引起很多人的共鸣。

文案秘籍

内心独白式的文案更容易获得人们的信任，给人一种情真意切的印象，容易引起受众的共鸣与信任。

文案的结尾部分要简洁有力

> 忘掉“硬销”“软销”这些字眼！这些东西只会让人迷糊，只要确定在你的广告中说了一些可以告知和服务消费者的实质东西，并且用过去没有人用过的方式把它说出来，就对了。
>
> 奥美国际广告公司创始人 **大卫·奥格威**

对于一篇文案而言，良好的开头能够吸引读者继续阅读，而合理的结尾则是对全文的总结和升华。简而言之，一篇好文案，必须要同时做好开头和结尾，这样才能善始善终，使文案的价值发挥到极致。

文案的结尾是升华主题的部分

在文案写作过程中，不少人开了个好头，却没有坚持下去，留下一个虎头蛇尾的文案。这样的文案，传播效果肯定不是最好的。麦肯锡甚至认为，文案的结尾往往比开头更重要，这个世界上不乏精妙的创意，缺少的是能够把创意转化为业绩的能人。

麦肯锡人是这样形容文案的结尾的："它就像木桶最低的一块木板。缺少了这块木板，木桶就会成为无用之物。"

为何麦肯锡人如此重视文案的结尾呢？原因在于文案的真实目的就隐藏于结尾之中，给读者造成一种柳暗花明的感觉。当读者读到文案的结尾时，他或许已经对产品产生了兴趣，但是还没有下定决心购买，或者他很喜欢这篇文案，但是还不知道产品是什么。此时，在结尾点明主旨，就是促成交易的临门一脚。

所以，麦肯锡人始终坚持，在文案的结尾一定要注意点明主旨，让整篇文案得到升华。你应该在此时收起感情的宣泄，把最重要的事情说完，告诉读者接下来他应该做什么。

文案结尾的几种写作手法

一般来说，文案的开头总是充满了创意感和新奇感，形式多种多样，甚至有时会让人不明所以。文案的正文则充满了感情色彩，作者用饱含深情的笔触，仔细地描摹着产品的特色，使读者在精神层面上触摸到了产品。而文案的结尾部分通常比较简单，作者用最朴实的笔法总结了整篇文案的主旨。

然而，最简单的地方，往往也最难做的。如何在有限的篇幅内，介绍最精准的信息，就成为考验文案创作者的最后一步了。在实际工作中，麦肯锡人总结了多种写作手法，使得文案的结尾并不单调，给整篇文章增添了不少色彩。

1. 开头和结尾保持一致

有时，麦肯锡人在文案的开头部分就已经点明了主旨，到了结尾则再次强调，达到一种首尾呼应的效果。从心理学上来说，这种写作手法形成了一种逻辑闭环，从开始到结束，一切都是自然而然的，不会给读者留下话没说完的感觉。

2. 最后揭开谜底

有时，文案创作天马行空，全篇都在营造一种特殊的氛围，为的是牢牢地抓住读者的情绪。不到最后一刻，创作者是不会揭开谜底的。

3. 意外的转折点

有的文案，读者正津津有味地品读着文案，到了结尾，却发现作者绕了一个大弯，突然跳到其他的主题上了。然而前后文之间又有着一定的联系，作者高明的手法给读者留下了深刻的印象。

4. 给读者提出委婉的建议

有时创作者会在前文集中介绍产品，到了结尾部分只需给出一些建议即可。

文案秘籍

不管你的创意有多好，你都不能为产品创造一个本身没有的优点。如果你这么做了，那也只是一种诡计罢了，而且它很快就会失去效用。

第十章

反复推敲，好文案是改出来的

好文案都是改出来的，即便是优秀的麦肯锡顾问，也有过彻夜不眠的经历，他们像普通人一样，为了写出一篇优秀的文案而苦思冥想。文案修改工作使得创作者变得更成熟，经过多次的沉淀，他们终于成长为优秀的职场人。

润饰文案，使说服力成倍提升

> 我从未见过，在任何真正伟大广告诞生的过程中，没有一点疑惑，没有堆满的字纸篓，没有殚精竭虑，没有对自我的恼怒和诅咒。
>
> 李奥贝纳广告公司创始人，广告大师　**李奥·贝纳**

优秀的文案就像一块美玉，无论从哪个角度去看，都能令人感到赏心悦目。好的文案是细细打磨出来的，没有谁能够一步到位。在润饰的过程中，作者将自己全部的才华和灵气都注入其中，使产品更有魅力。

润饰好的文案能够展现产品的灵魂

在外人看来，写文案似乎是一件很容易的事，文案创作者只需呆呆地坐在办公室里，就能立刻写出优秀的文案来。然而也只有文案创作者自己知道，构思的过程是多么痛苦，要想写出经久不衰的文案几乎难于登天。

一个优秀的文案，总是能够吸引住客户的目光，让他眼前一亮，感觉这就是为他而写的。因此，文案写作需要作者对客户的心理有准确的把握，还要有高超的文字驾驭能力，二者结合，才能迎来最后的曙光。

台湾著名的广告人许舜英女士说："并不是广告把商品'表现'出来，而是广告使得商品'存在'。"在她看来，文案创作并不是简单的产品介绍，而是应该从意识层面影响客户，给客户以直观的感受。

比如，她为中兴百货写的一条文案《三日不购物，便觉灵魂可憎》，便是这种思想的体现。

手为了袖子而存在

脚为了鞋子而存在

空间为了家具而存在

身体为了衣服而存在

三日不购衣便觉面目可憎

三日不购物便觉灵魂可憎

这篇文案中甚至连“中兴百货”这四个字都没出现，但并不妨碍它成为一个经典的文案，因为它写出了中兴百货的灵魂，也就是购物，即“三日不购物，便觉灵魂可憎”。

文案修饰的几种常见手法

写文案和写小说不同，文案的重点不在于你的表现手法多么高明，也不在于你的文学修养多么深厚，它的首要任务是传播产品信息及品牌信息，因此在实际写作过程中，还必须与产品销售、企业形象等因素相结合，与受众群体建立有效的联系与沟通。

1. 将信息抽象化，将情感具象化

这种手法不容易做，但是效果很好，它把抽象和具象结合在了一起，给人提供了一种全新的感受。

2. 回忆以往的经历

通过对往事的回忆，文案可以轻松地与读者形成共鸣，此时产品不再是冷冰冰的，而是有了温度，就像一个老朋友，陪伴自己走过了漫长岁月。

支付宝曾经发布了一条十周年的《账单日记》宣传片，其文案是这样写的：

2004年，毕业了，新开始。

支付宝最大支出是职业装，现在看起来真的很装。

2006年，3次相亲失败，3次支付宝退款成功。

慢慢明白，恋爱跟酒量一样，都需要练习。

2009年，12%的支出是电影票，都是两张连号。

全年水电费有人代付。

2012年，看到12笔手机支付账单，就知道忘带了26次钱包，点了26次深夜加班餐。

2013年，数学23分的我，终于学会理财了，谢谢啊，余额宝。

2014年4月29日，收到一笔情感转账，是他上交的第一个月生活费（包养你）。

每一份账单，都是你的日记。

十年，三亿人的账单算得清，美好的改变，算不清。

支付宝十年，知托付。

3. 用产品模拟人的情感和语气

这种手法在文案中很常见，很多企业都会为公司设置一个拟人化的形象，从而拉近与客户之间的距离。例如，天猫商城的形象是一只猫，而京东商城的形象是一条狗，推特的形象则是一只鸟。

4. 用数字上的反差进行对比

人们都喜欢听“性价比”这三个字，通过数字的对比，总结产品的性价比，这也是一种很常见的润饰手法。例如，“100万的价格，2000万的享受”，这样的房地产广告文案颇具吸引力。

文案秘籍

文案不能创造欲望，只能将人们心中已经存在的情绪和欲望聚集在产品上。

朗朗上口的文案更受欢迎

区分信息并划分群组的前提是，你必须先想出适合的群组主题，举例来说，像关于椅子、桌子、衣柜的信息，都可以归类在“家具”这个主题之下，如果从“功能”的主题来看，这些东西就很难划分在同一组。

麦肯锡全球战略顾问，筑波大学研究所客座教授　**高杉尚孝**

易读性是文案的重要原则之一，无论你的文案多么精彩，文辞多么优美，在修改的时候，都要主动向读者的阅读能力靠近。佶屈聱牙的文案，注定不会走得太远。

要想写出朗朗上口的文案，需要注意以下几点。

1. 用最简单的词汇，写最贴心的文案

很多人写文案时，过度追求华丽的用语和猎奇的心理，喜欢使用生僻的文字，就像一个小学生写作文一样，以为成语用得多，分数就高，作文就一定好。其实，用这种方法写出来的文案多是毫无传播价值的废话。要知道撰写文案的第一目的，是拉近企业和消费者之间的距离，让彼此沟通，而不是用来展现文采的。因此，在撰写文案的时候，应该尽量使用简单的词汇，避免使用华而不实的句子。

我们知道《离骚》是一篇优美的诗歌，文采自不必说，思想性也高人一等，读起来给人一种美的享受。但是拿《离骚》给现在的商品当文案，就会显得很尴尬，因为这首诗太长了，全文共373句，2888个字，里面还有许多生僻字，读一遍都不容易，更别说记下来了。

邮购专家塞西尔霍奇说："文案里的用字，应该像店铺门口的橱窗，能让读者一目了然，立刻看见产品。"一些简单的词汇，经过精心筛选和打磨，往往就能化腐朽为神奇，例如苹果的"think different"，仅仅两个单词，就将苹果公司所代表的科技精神跃然纸上。

2. 避免堆砌专业术语

一般来说，文案是写给普通人看的，因此，写文案时不仅要避免长篇大论，还要避免专业术语的集中出现。尤其是做专业领域内的文案时，出现一个新兴的专业术语，就已经让读者困惑，为此文案撰写者不得不专门介绍这个词语，如果连续出现好几个专业术语，就会给阅读带来极大的难度。为了看懂一条短短的文案，难道还要让读者频繁翻阅词典吗？这种做法看上去高端，实际上达不到沟通效果。

合格的文案就应该像说书先生讲历史一样，把曲折复杂的历史故事讲得通俗有趣。文案的阅读者，就好比是台下听书的听众一样，他们是主要消费者，也是文案工作者需要降低高度去迁就的人。在如今这个高速发展的信息时代，消费者接触过各种各样的文案，他们没有心情听你苦口婆心。

3. 短句和长句错落有致

文案是供人阅读的，要注意阅读的节奏。长句子磅礴大气，但是读起来比较费劲；短句子结构简单、简洁明快，缺点是包含的信息较少。写文案时可以将长句子拆分成两三个较短的句子，利用标点符号划分。在划分的时候，不要让所有句子长短一样，偶尔加些短句，降低整个段落的长度，使其错落有致。

在写文案的时候，要尽量避免出现超长句子，每个句子的字数应该控制在6~16个字之间，这也是人们最容易接受的字数。

4. 循序提出产品的卖点

假如产品的卖点太多，而文案的篇幅有限，不妨整理一下这些卖点，重新组织顺序，你组织素材的方式会直接影响读者的阅读效果。

一篇文案可能包含了许多信息，其中必然有重要和次要的分别。文案要围绕着最重要的信息去写，尽量简化次要信息。广告标题要点出最大卖点，接下来的几段文案则介绍这项卖点的细节，其他次要的放在内文中。如果文案篇幅过长，那么每项次要卖点都应该有独立的标题或编号。

文案秘籍

几乎所有的文案作者都高估了用户对他们的理解、认同、兴趣和情感。很多文案的错误在于作者不了解用户的真正需求，只想着自己的构思。

语法错误会减弱文案的逻辑力

> 广告是人与人沟通的行业。我们应永远力行这个原则。一个真正优秀的创意人员，对实事求是比能言善辩更有兴趣，对感动人心比甜言蜜语更加满足。
>
> 奥美国际广告公司创始人　**大卫·奥格威**

什么是好文案？无非两点要求：一是写对，二是写好。文案的首要功能是传递信息，而错误的语法会降低文案的传播效果，也会给读者留下不细致、不专业的印象。对于文案写作而言，这是致命的错误。

说“对”话，客户才喜欢听

2015年，神州专车发布了一则海报，海报中的吴秀波神情严肃，右手举着黄色圆牌，上面写着一个大大的“U”，却又用红线画掉。海报右下方的文案为：“家里的十个好叔叔，也斗不过车里的一个怪蜀黎。不心存侥幸，就不会身处险境！Beat U 我怕黑专车。”

明眼人一看就知道，这份海报是专门针对Uber专车的，大大的“U”就是Uber的缩写。然而海报刚一发布，立刻就有细心的网友发现，广告文案把“怪蜀黍”写成了“怪蜀黎”。而Uber的回应很简单，他们在官方微博很有幽默感地回应：“快下班了，玩儿个游戏吧！怪SHU SHU。”

这么一个简单的错误，使得神州专车遭到了吐嘈。神州专车的广告不仅没有取得好效果，反而给自己带来了不良影响。

不过，也有一些公司故意犯错，他们打破原有的拼写和语法规则，做出一定的改变，反而产生了强有力的效果。例如麦当劳的广告语“I’m lovin’ it”，耐克公司的“Just Do It”，从语法上来说，它们或多或少都有些问题，但是人们根本不在意，因为他们已经认可了这些文案传递的精神，而这背后是麦当劳、耐克用强大的宣传能力做支撑，通过花费巨大的广告费用，才最终使得这些听起来怪怪的文案广为流传。

拒绝低级错误，避免文案写作禁区

为了避免给搜索者造成负面影响，请反复检查你的广告文案，以确保你没有犯以下提及的广告文案错误。

1. 同音词/近义词的误用

在写文案时，对词语的运用应该慎之又慎，避免与同音词/近义词混用，放在同样的位置上，它们或许会产生不同的效果。对于那些文学素养不高，却又渴望提升文采的创作人来说，这是一个很容易落入的陷阱。一旦出现错误，将会起反面作用。最常被误用的同音词/近义词包括：影响/效果、做法/作法、权力/权利、遏制/遏止、推脱/推托、起用/启用、谋取/牟取等。

2. 句子成分搭配不当

一句话里面包含诸多句子成分，每个词语都有对应的句子成分，主、谓、宾、定、状、补，都需要放在合适的位置上，才不会引起歧义。如果不注意配合，就会出现搭配不当的问题。例如“漫步小径，微风送来阵阵清香，我看见蜡梅正在墙角释放幽香”，这句话就犯了谓宾搭配不当的错误，人无法用肉眼看见香味，所以“看见”与“幽香”不能搭配。

3. 句子成分缺失

文案语句需要精练，但是句子成分不可缺少，否则会让人不知所云。例如“阵风略过稻田，恰似翻滚的黄河水，波涛起伏”，虽然人们通过判断，可以知道“稻田像黄河水，波涛起伏”，但是从句子结构上来说，这句话仍然犯了缺少主语的错误，容易引起歧义。

文案秘籍

如何写好文案，其实总结起来就一句话：一半是技巧，一半是逻辑。

善用主语，让对方跟着你的逻辑走

> 人类用数百万年来发展本性，而且也将会用数百万年来改变本性。谈论人的改变很流行，然而对一个沟通者而言，他更应该去关注不变的人性，人们希望得到荣誉、成功、爱等。
>
> DDB广告公司创始人 **威廉·伯恩巴克**

一篇讲究逻辑的文案，必定注重文章的语法结构，其中包含主语、谓语、宾语等句子成分。当人们看到这篇文案时，他们能够很轻易地理解文案想要传达的思想和精神，而不会对文案产生歧义。

缺少主语会让人感到困惑

在日常谈话中，我们经常省略主语，不过通过对话，人们还是可以轻松推断出其中的人物关系。即便有时会产生疑问，也可以当面问清，避免出现理解上的偏差。例如，妈妈对儿子说："洗洗手，吃饭吧！"儿子不会感到困惑："您让谁洗手吃饭？"而是会立即动身，因为经过长时间的相处，他对这些话早已习以为常了。

为了避免让顾客感到困惑，在写广告文案的时候，要注意主语省略这一问题。顾客和我们不熟，无法精准地猜出我们的心思，如果文案中缺少了主语，就有可能产生歧义。为了清晰地传达自己的信息，文案创作者最好明确表现出句子的主语，也就是企业、产品、人物等重要信息。

文案中出现了这些必要信息以后，就会更便于表达和理解。当然，如果您希望对方的关注点在内容上，那么也可以故意忽略主语。比如在说话前，增加"估计……""预计……"等，这些动词会使对方转移目光，把注意力放在后面的内容上。

与此相似的还有"被认为""被公认为"等，例如"仙人掌被公认为最容易养活的植物"，尽管人们不知道这个结论是被谁"公认"的，但是他们还是倾向于接受这种观点，因为它听起来好像很有道理。文案写作者有时会故意隐藏主语，从而提升说服力，他们也会采用被动语态，使得读者们的注意力被后面的事件吸引住，而忽略真正的主语。

用好谓语，突出主语的地位

主语后面，通常需要搭配谓语和宾语，通过对谓语的选择和使用，也可以达到突出主语的效果。

在创作文案时，根据目的的不同，我们可以选择不同的动词。如果我们希望刺激读者的大脑，引导他们朝着某个方向思考，不妨使用及物动词，如看见、听到、选择等，这会促使读者产生联想："看到什么呢？""听到什么呢？"如果我们不希望读者过多地思考，而是希望他们直接接受，就用不及物动词。不及物动词后面通常不会跟随宾语，例如"下雨"就是一个不及物动词，你不可能在后面加上其他词语，就像"下雨地上"一样，显得不伦不类的。在传达最终信息时，可以先说明依据，最后再用谓语来做结论，这样会使读者觉得一切顺理成章。

总之，在撰写文案时，一定要注意句子的成分和结构，把主语放在最醒目的位置，让读者明白，他们看到的是哪家公司，谁做的产品，如此一来，文案的传播力度便在无形之中大大提升了。

文案秘籍

注意句子的结构固然重要，可是现在大家要进入更重要的阶段，那就是通过作业练习，将平常没意识到的思考方式"意识化"。

附录
APPENDIX

世界三大咨询公司

在长达数千年的商业社会发展史上，出现了一项非常特殊的职业——管理咨询顾问，他们不亲自参与资本角逐，而是专门帮助企业渡过难关，提升业绩。如今，世界上有三家顶尖的咨询公司，它们分别是麦肯锡咨询公司、贝恩咨询公司和波士顿咨询公司。这三家公司在中国都有业务，虽然在市场竞争中出现过一些失误，但其完善的咨询服务模式依然使他们得到了普遍认可。

麦肯锡咨询公司

麦肯锡公司初创于1926年，由芝加哥大学詹姆斯·麦肯锡一手创立。时至今日，麦肯锡公司在全球44个国家有80多家分公司，共拥有7000多名咨询顾问。麦肯锡大中华分公司包括北京、香港、上海与台湾四家分公司，共有40多位董事和250多位咨询顾问。

McKinsey
& Company

附录图1　麦肯锡咨询公司

麦肯锡公司于1993年开始正式进驻中国市场，并且成立了分公司。麦肯锡中国公司的客户已经从以前100%的跨国公司发展到今天60%以上的中国本土公司，包括国有企业、私营企业等。

麦肯锡公司的一大特点是兼容并包，其业务涉及各行各业，从高科技、电信到服务行业，如银行和基础设施等，覆盖了整条运营价值链的各个环节，从产品设计到客户体验，都可以看到麦肯锡人的身影。

各行各业的精英人士都有机会加入麦肯锡公司，成为其中的一员，麦肯锡会为他们量身打造学习计划，使其成为精英中的精英。麦肯锡大中华区运营咨询业务负责人马丁·莱尼克说："（申请者）应具备一项或更多与运营相关职能的专长，如精益生产、供应链管理或服务运营。其次，还应具备其他相关能力。例如，擅长与不同背景、不同经历的人共事，喜欢在快节奏的动态环境中解决复杂的问题等。如果满足了这些要求，那你可能就是我们需要的人。申请人不一定要有工商管理硕士学位或咨询经验，因为我们会根据你的兴趣与专业知识为你定制内容丰富的学习计划。哪怕你原本只是消费品供应链领域的专家，加入我们之后，也有机会学到其他领域的知识，例如保险业服务运营等。你将获得丰富的机会培养新技能，突破既有的领域。”

贝恩咨询公司

贝恩咨询公司由威廉·贝恩创立于1973年，总部位于波士顿。在职业生涯早期，威廉·贝恩曾就职于波士顿咨询公司，后来与几名合作者一起离开了那里，创立了贝恩咨询公司。在MBB这三家巨头企业之中，贝恩公司的创立时间最晚，然而成长速度却非常惊人，20世纪70年代到80年代中期，贝恩公司的年增长速度为50%左右。1998年，贝恩公司拥有咨询顾问近1500人，年营业收入4.5亿美元，客户分布于60多个国家。贝恩于1993年在北京正式建立办事处，这是北京第一家战略顾问公司。目前，贝恩咨询公司在中国已经有50多位咨询顾问，而在全球拥有近3000位顾问。

BAIN & COMPANY

附录图2　贝恩咨询公司

有人做过这样的比喻：“麦肯锡如红酒，波士顿如浓茶，而贝恩却如同鸡尾酒般灵动。”贝恩公司的一大特点是极度追求效率，相对于严谨细致的麦肯锡而言，贝恩人从来不拘泥于传统，他们将经验和现实结合起来，找出最合理、有效的方法，帮助客户击败竞争对手，争取更高的回报率。贝恩的业务不局限于任何单一的传统产业，而是从众多工业和商业模式中透视出独到的观点，客户从他们那得到的永远是最佳成效，而非一份报告。

波士顿咨询公司

波士顿咨询公司成立于1963年。经过近40多年的发展，波士顿咨询公司已经成为一家全球著名的管理顾问公司。在发展策略及经营业绩方面，为大型国际性企业和组织提供专业的咨询服务。波士顿咨询公司于20世纪80年代进入中国市场，并于1993年1月在上海正式成立了波士顿咨询上海有限公司，目前在中国有70余名咨询顾问，在全球拥有2700名顾问。

BCG

THE BOSTON CONSULTING GROUP

附录图3　波士顿咨询公司

波士顿公司的优势在于其拥有的高级管理咨询工具和理论化建设，管理学界极为著名的“波士顿矩阵”（又称四象限分析法、产品系列结构管理法等）就是由波士顿公司创立的。波士顿的经营理念影响了无数公司，现在商界流行的竞争手法如价格战、广告战、上市闹剧、倾销与反倾销，都可以从波士顿顾问们那里找到根源。

麦肯锡2017年中国消费者调查报告："双击"中国消费者

（作者：Wouter Baan、栾岚、Felix Poh、Daniel Zipser）

在过去的十几年里，我们持续对中国消费者展开年度和半年度调查，以求把握其脉搏。就在这短短的十几年，我们目睹了中国消费者的巨大变化，尤其表现在他们的消费行为以及买什么和怎么买的消费态度上。

十几年前，人们心心念念的是让辛苦赚来的每一分每一角发挥最大的效用。如今，随着收入的快速增长，中国消费者对品质高、价格高的产品开始青眼相看，并且越来越舍得在服务上花钱。

不过，钱包鼓了意味着选择就多了，如今中国消费者的选择范围比以往任何时候都大。品牌商如果想在竞争激烈的中国市场取得成功，就必须掌握一项关键技能，即懂得中国消费者是如何做出重要决定的，因为这直接关系着他们买什么和不买什么。

通过深入调查中国消费者的消费态度和消费行为，我们发现了中国消费者群体具有鲜明的多样性，每一个细分都各有其独特性，而这些独特性又决定了各群体的消费习惯。在今年的调查中，我们访谈了近1万名18～65岁的中国消费者，他们来自44个城市和7个农村乡镇。在过去十几年我们对中国消费者的所有观察之中，有一点在今年的调查中非常突出，即中国消费者作为一个整齐划一的群体已经一去不返，而是形成了鲜明的多样性。这意味着识别大趋势固然重要，但这已不能再对消费者行为给出细致入微的洞见，也无法帮助营销人员做出决策。

麦肯锡在今年的报告中提出了四个关键趋势，相关企业需要很好地加以理解，以便制定其在中国市场的运营战略，包括从市场营销到并购。今年，我们对每一个趋势做了进一步深挖，由此洞察了更深刻、更有意义的中国消费者行为。

四大关键趋势包括如下。

1. 消费者信心达到10年来新高，但风险仍在

中国消费者信心指数从2016年春季的低点100上升到2017年8月的115，为自2007年全球金融危机以来的最高值。但由于整体经济和家庭的负债率很高，中国消费者有充足的理由对未来持谨慎态度。一边是居高不下的房价、大笔的子女教育费用以及老龄化社会日渐沉重的照顾老人的负担，另一边则是收入增长的缓慢和物价的上涨，这些都给中国消费者原本光明的前景蒙上了阴影。

我们近期的另一项调查显示，在消费者信心持续走强的背后是越来越多的自由支出，这在一定程度上受到消费升级的驱动，即消费者倾向于购买更高端的品牌（见下图）。

关键快消品的消费升级/消费降级，中国、美国和德国的比较

受访者比例，%

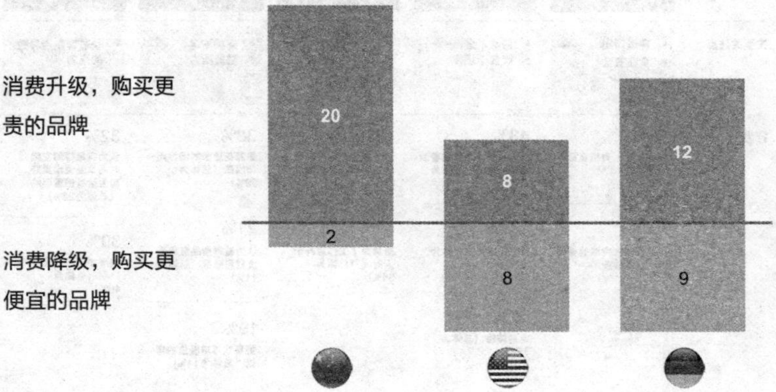

2. 重视健康，但中国消费者对健康的理解并不一致

调查显示，过去几年重视健康以及饮食、运动和环境对生活质量的影响的中国人大幅增加。65%的中国消费者追求更健康的生活方式。当然，中国消费者对健康的看法也并不一致，我们据此划分出了五个类别：简单生活家（25%）、运动爱好者（10%）、健康平衡族（30%）、工作狂（10%）和漠不关心者（25%）（见下图）。

中国消费者对健康生活的不同态度可划分为五个类别

	25% 简单生活家	10% 运动爱好者	30% 健康平衡族	10% 工作狂	25% 漠不关心者
主要关注点	▪ 环境污染 ▪ 食品安全	▪ 锻炼不足 ▪ 饮食不规律	▪ 与“简单生活家”与“健康爱好者”关注点类似	▪ 睡眠不足 ▪ 财务压力	▪ 快节奏生活导致的压力
行为	55% 购买天然、有机食品（总体为43%[1]）	43% 认为健康食品意味着油脂含量更低（总体为37%）	43% 认为健康食品意味着食材新鲜（总体为35%）	38% 愿意花更多时间休闲和娱乐（总体为29%）	32% 认为有足够的空闲时间享受业余爱好和生活是很重要的（总体为22%）
	73% 喜欢亲近大自然的休闲活动（总体为59%）	23% 服用保健品（总体为14%）	31% 愿意为了工作放弃个人时间（总体为39%）	21% 认为健康食品意味着食材可追踪（总体为11%）	39% 知道如何区分健康产品（总体为46%）
		52% 定期体检（总体为35%）		19% 更喜欢寻求医生的建议（总体为14%）	

1 括号内为调查总样本的情况

资料来源：麦肯锡2017年中国消费者调查

3. 运动爱好者（10%）、中国“90后”正成为消费新引擎

他们是出生于互联网时代、年龄在17~27岁之间的“数字原住民”。“90后”消费群体占中国总人口的16%，从现在起到2030年，他们将贡献中国总消费增长的20%以上，高于其他任何人口类别。这是一个具有鲜明多样性的群体，我们尝试着将其细分为五类，即追求幸福者（39%）、追逐成功者（27%）、知足青年（16%）、任性挥霍者（10%）和宠二代（8%）（见下图）。“90后”作为一个很有前景的消费者群体，将对品牌在中国市场的表现产生显著影响。

中国“90后”具有鲜明的多样性

39% 追求幸福者	27% 追逐成功者	16% 知足青年	10% 任性挥霍者	8% 宠二代
86% 认为成功意味着幸福生活（总体为43%[1]）	64% 认为成功意味着发家致富（总体为55%）	只有32% 认为“只要努力工作，就可以改变命运”（总体为45%）	48% 愿意花钱尝试新事物（总体为34%）	96% 由父母为其大额消费埋单（总体为21%）
54% 对品牌不感兴趣，更关心产品本身（44%）	58% 喜欢什么就买什么（总体为41%）	不太可能 为最新的科技产品支付溢价（27%，总体为37%）	38% 认为产品越贵越好（总体为25%）	47% 愿意购买最新科技产品（总体为37%）
53% 愿意花多点钱购买环保产品（总体为46%）	不太可能 会存钱以备不时之需：只有28%认为人们应该为不确定性做好准备（总体为39%）		42% 买得起小件奢侈品，以显示品味（总体为33%）	54% 心仪优质产品并愿意支付溢价（总体为41%）

1 括号内显示的是调查总样本的情况

资料来源：麦肯锡2017年中国消费者调查

4. 中国消费者对全球品牌和本土品牌的认知更为细致

在往年的调查中，我们看到中国消费者对外国品牌兴趣浓厚。渐渐的，人们的视线转向了本土品牌。近年来，中国消费者开始密切关注那些主打性价比的品牌。在本次调查中，我们观察到中国消费者对品牌选择有了更细致的认知。在大多数调查的品类中，品牌归属地没有以前那么重要了。现如今消费者对自己想要什么非常明确，无论是本土品牌，还是外国品牌，要求都是一样的。首先，要物有所值。其次，产品品质要好，而且要能满足个人的偏好。最后，售后服务要到位。

消费者对品牌的认知更细致不同消费品类的原产地偏好

受访者占比，%

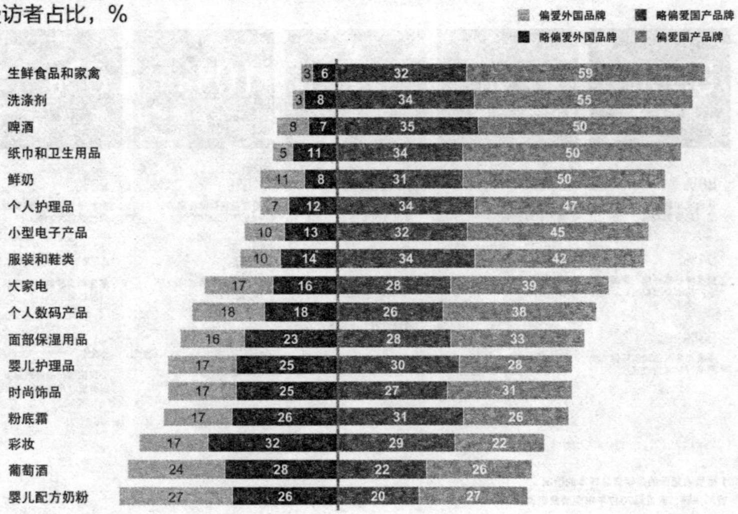

资料来源：麦肯锡2017年中国消费者调查

再也没有一个整齐划一的中国消费者群体了。人口结构和地理区位的演变对市场重新整合和划分，形成了具有鲜明多样性的消费者群体。

这些消费者的自主意识明显增强，结构更加年轻化，重视健康，对品牌的认知更成熟，对购买的产品和服务要求也更高。跨国公司和本土公司只有理解和把握消费者的细微差别，才能打造有吸引力的品牌和产品特性。

作者：

Wouter Baan为麦肯锡全球副董事合伙人，常驻北京分公司。

栾岚为麦肯锡全球副董事合伙人，常驻上海分公司。

Felix Poh为麦肯锡全球董事合伙人，常驻上海分公司。

Daniel Zipser为麦肯锡全球资深董事合伙人，常驻上海分公司。